Helmut Krätzl
Gott aber ist anders

topos taschenbücher, Band 758

Helmut Krätzl

Gott aber ist anders

Über Leiden, Tod und Auferstehung

topos taschenbücher

Verlagsgemeinschaft topos plus
Butzon & Bercker, Kevelaer
Don Bosco, München
Echter, Würzburg
Lahn-Verlag, Kevelaer
Matthias-Grünewald-Verlag, Ostfildern
Paulusverlag, Freiburg (Schweiz)
Friedrich Pustet, Regensburg
Tyrolia, Innsbruck

Bibliografische Information der Deutschen Nationalbibliothek
Die Deutsche Nationalbibliothek verzeichnet diese Publikation in der
Deutschen Nationalbibliografie; detaillierte bibliografische Daten
sind im Internet über http://dnb.d-nb.de abrufbar.

2011 Verlagsgemeinschaft **topos** plus, Kevelaer
Das © und die inhaltliche Verantwortung liegen bei der
Verlagsanstalt Tyrolia, Innsbruck

Kein Teil des Werkes darf in irgendeiner Form ohne schriftliche
Genehmigung des Verlages reproduziert, vervielfältigt oder
verbreitet werden.

Einband- und Reihengestaltung | Finken & Bumiller, Stuttgart
Satz: Aalexx Druck GmbH | Großburgwedel
Herstellung | Pustet | Regensburg
Printed in Germany

ISBN: 978-3-8367-0758-9

www.toposplus.de

Inhalt

Vorwort 7

Aschermittwoch
1 Asche – was kommt danach? 9

Erster Fastensonntag
2 Versuchungen Jesu – und wie er sich als
  Gottes Sohn erwies 14

Palmsonntag
3 Beim Jubel will man dabei sein, nicht bei
  der Passion 19
4 Ein König kommt auf einem Esel 24

Gründonnerstag
5 „Niemals sollst du mir die Füße waschen!" 29
6 „Er hat uns zu Königen und Priestern gemacht" . . . 34
7 „Er aber fand sie schlafend …" 40

Karfreitag
8 Braucht Gott das Opfer seines Sohnes? 46
9 Ist Kreuzverehrung zumutbar? 51
10 Beim Kreuze Jesu aber waren …. 56

Osternacht
11 Gott hat die Welt sehr gut gemacht … 62
12 Gott weinte, als er die toten Ägypter sah 68
13 „Ich gebe euch ein neues Herz …" 73

Ostersonntag
   14 „Man hat den Herrn aus dem Grab genommen" . . 78
   15 „Fürchtet euch nicht!" 84
   16 „Simon, liebst du mich? 90

Ostermontag
   17 Der Weg nach Emmaus und zurück … 95

Zweiter Ostersonntag (Weißer Sonntag)
   18 Was ist aus dem weißen Taufkleid geworden? . . 101

Vorwort

Viele klagen heute, dass es schwerfällt zu glauben. Ich denke dabei nicht an diejenigen, die ganz ohne Gott auszukommen versuchen, sondern vielmehr an solche, die glauben wollen, aber Gott oft nicht verstehen können. Es sind Menschen, die von Gott enttäuscht sind, weil er ihnen nicht die Hilfe im Leben bietet, die sie von ihm erwarten, weil er zulässt – im eigenen Leben oder auch in der Geschichte der Menschheit –, was er doch verhindern müsste, weil er gerade dort, wo man ihn vernehmen möchte, schweigt. Er erscheint vielfach anders, als man sich ihn vorgestellt hatte, und manchmal drängt sich sogar die skeptische Frage auf: Gott, gibt es ihn überhaupt? Und wenn ja: Meint er es wirklich gut mit uns?

In der Leidensgeschichte Jesu werden viele im Glauben angefochten, wie die Evangelien berichten. Weil er anders war, als man erwartete, und sich noch dazu auf Gott berief, wurde der Messias angeklagt und schließlich dem Tode überliefert. Aber auch die Jünger, die Jesus liebten, haben ihn oft nicht verstanden, besonders wenn er vom Kreuz oder von seinem nahen Tode und der Auferstehung sprach. Als er dann gefangen genommen wurde und verlassen den schmachvollen Kreuzestod starb, nahmen sie das wie das Scheitern seiner Sendung hin und verließen ihn. Wohl bleibt noch eine kleine Hoffnung auf seine Auferstehung, aber ihre Augen waren gehalten. Die Botschaft vom leeren Grab allein lässt sie noch nicht glauben, sondern versetzt sie sogar in Schrecken. Sie begegnen dem Auferstandenen und erkennen ihn nicht. Sie müssen sich erst mühsam von ihrem vorgefassten Bild von ihm trennen, um glauben zu können, dass er wahrhaft, wenn auch jetzt in ganz anderer Weise, wieder mitten unter ihnen lebt.

Jedes Jahr erleben Christen in der Feier der österlichen Bußzeit und der österlichen Tage diese dramatischen Ereignisse wieder. Sie sind nicht nur Zuschauer, sondern sind mit in das Geschehen einbezogen. Es ist eine Zeit, in der vielleicht mehr als sonst im Jahr in vielen die Fragen immer wieder je nach der augenblicklichen Situation ihres Lebens neu aufbrechen: Wer ist dieser Gott? Wie ist er? Warum ist er nicht anders? Welchen Sinn haben denn Leiden und Kreuz?

Die folgenden Gedanken über Leiden, Tod und Auferstehung wollen eine Hilfe sein, Gott so zu sehen, wie Jesus ihn uns zeigen wollte, besonders auch in seiner Passion. Wie die Jünger Jesu sind auch wir in Gefahr, gerade angesichts von Leid und Tod die Worte der Schrift nicht zu verstehen und Ärgernis an Gottes Wirken oder Gewährenlassen zu nehmen. Gott aber ist anders, als wir ihn uns in unserer menschlichen Begrenztheit vorstellen. Den Auferstandenen erkennen und seine befreiende Botschaft bekennen vermag nur der, der zuerst alle Vorurteile Gott gegenüber ablegt und bereit ist, ihn so zu sehen, wie er sich offenbart hat.

Im Jahr 1994 wurde dieses Buch im Verlag Herder herausgegeben. Die Auflage war klein und das Buch nach kurzer Zeit vergriffen. Nun gibt der Tyrolia-Verlag meine Betrachtungen in einer Topos Taschenbuchausgabe neu heraus. Ich habe den Text überarbeitet und, wo nötig, aktualisiert.

Ich widme dieses Buch allen, die die österliche Bußzeit für sich als Zeit der persönlichen Einkehr nützen wollen, aber auch jenen, die die so reiche Liturgie dieser Zeit mitgestalten.

Wien, in der österlichen Bußzeit 2011

Helmut Krätzl
em. Weihbischof

Aschermittwoch

1
Asche – was kommt danach?

Der Beginn der österlichen Bußzeit steht unter dem Zeichen der Asche. Dieses Symbol muss doch sehr beeindruckend sein, da viele Menschen, die sonst nicht häufig in die Kirche gehen, gerade am Aschermittwoch zu den Gottesdiensten kommen, um sich die geweihte Asche auflegen zu lassen. Besonders Künstler spricht dieses Zeichen der Vergänglichkeit an. In verschiedenen Kirchen Österreichs gestalten Künstler seit Jahren mit Lesungen und anderen Darbietungen „ihren" Aschermittwoch.

Die Asche erinnert viele an den Tod. Der Priester macht das noch deutlicher, wenn er bei der Erteilung des Aschenkreuzes spricht: „Bedenke, Mensch, dass du Staub bist und wieder zum Staub zurückkehren wirst." Ist der Gedanke an den Tod nicht heilsam? Er muss es nicht sein. Der Mensch scheint manchmal ganz gerne mit dem Gedanken an den Tod zu spielen, um ihm den Ernst zu nehmen, vor ihm noch einmal zu fliehen und sich umso intensiver in den Genuss des Lebens zu stürzen. „Lasst uns essen und trinken; denn morgen sind wir tot." Vor solcher Gesinnung warnt schon der Prophet Jesaja. Ich kenne Menschen, die sich am Morgen das Aschenkreuz geben lassen und am selben Abend aus „gesellschaftlichen" Gründen zu einem üppigen, feuchtfröhlichen Heringsschmaus gehen.

Ich glaube, es ist falsch, am Anfang der österlichen Bußzeit zu sehr an den Tod zu erinnern. Unser Gott ist nicht ein

Gott des Todes, sondern des Lebens. Er will nicht den Tod des Sünders, sondern dass er umkehrt. Gerade für diese Umkehr aber kann die Asche, so grau und unscheinbar sie aussieht, ein hilfreiches Zeichen sein. Asche auf der Stirn zu tragen scheint mir zu wenig zu sein. Man könnte sie langsam durch die Finger laufen lassen und nachdenken, was alles vor ihr war, was also alles zu Asche geworden ist. Bei dieser Betrachtung fällt mir ein Gedicht von Joop Roeland ein, „Das Zeichen der Asche". Roeland war lange Jahre Studentenseelsorger in Wien und regte mit seiner bilderreichen Sprache nicht nur junge Menschen zum Meditieren an. Er ist leider am 18. März 2010 nach einem schweren Herzleiden gestorben.

Die kalte Asche im ausgebrannten Kamin

„So wie vom abendlichen Feuer im Kamin am nächsten Tag nur kalte Asche bleibt: so werden unsere Tage zu Asche." Der Kontrast ist groß zwischen dem Feuer, das brennt, und dem Häuflein kalter Asche, das übrig bleibt. Was hat nicht alles im Leben feurig begonnen und ist dann ausgebrannt? Viele Vorsätze haben manches entzündet, dann nur mehr da und dort geglost und sind zuletzt in sich zusammengefallen. Was ist aus dem Feuer der Jugendzeit geworden? Voll Begeisterung hat man für eine bessere Welt, eine glaubwürdigere, „christlichere" Kirche gekämpft. Die Idealisten von gestern gleichen heute oft einem erloschenen Feuer. Die Liebe zwischen zwei Menschen ist plötzlich aufgeflammt und hat so viel im Leben verändert. Sie hat den einen um des anderen willen geläutert und hat Wärme der Geborgenheit vermittelt. Jetzt ist es kalt geworden, und nur mehr Asche dort, wo einmal glühende Worte, Zärtlichkeit und Hingabe die Herzen wärmten.

Die Asche, die durch meine Finger rinnt, erinnert mich auch an mein Verhältnis zu Gott. Die Freude, dass Gott einen gerufen hat, erleben viele einmal im Leben wie ein loderndes

Feuer. Wie stark brennt es heute noch? Hat man vergessen, das Feuer wach zu halten, haben Menschen und Erlebnisse es ausgetreten? Gott lässt in der Geheimen Offenbarung des Johannes der Gemeinde von Ephesus schreiben: „Ich werfe dir vor, dass du deine erste Liebe verlassen hast. Kehr zurück zu deinen ersten Werken!" (Offb 2,4f).

Ach, Mensch, gedenke: Du bist Staub, und was von deinen Vorsätzen, deiner Liebe, deinem Glauben bleibt, ist oft nur Asche!

Die Asche von Auschwitz – Asche der Schuld

Die Asche in meinen Händen erinnert mich auch mit Schrecken daran, dass Menschen oft mutwillig verzehrende Feuer entzünden und aus Bosheit vieles in Schutt und Asche legen.

Der Besuch von Papst Johannes Paul II. 1983 in Österreich begann mit einer Europavesper am Wiener Heldenplatz. Wir luden dazu vier Kardinäle, stellvertretend für die Kirche in Europa, zu kurzen Meditationen ein, drei aus den damaligen Ostblockstaaten und Kardinal Lustiger aus Paris für den Westen. Kardinal Macharski aus Krakau übergab dem Wiener Erzbischof zum Zeichen der Besinnung eine Handvoll Asche aus dem ehemaligen Konzentrationslager Auschwitz und sagte dazu: „Eine Handvoll Asche aus den Krematorien – die Asche der Opfer eines sinnlosen Hasses." Diese Asche wird seitdem in einer Meditationskapelle im Stephansdom aufbewahrt.

Asche als Zeichen eines sinnlosen Hasses. Die Geschichte der Menschheit ist vielfach durch verbrannte Erde markiert. Jeder Krieg hat so viel Asche hinterlassen: zerschossene Städte, verbrannte Leichen, zerstörtes Menschenglück, von dem nur mehr ein Häuflein Elend blieb. Der Brand der Kriege geht weiter und immer wieder fallen Städte, liebevoll erbaute Eigenheime, menschliche Schicksale in Schutt und Asche.

Aber auch die eigene Lebensgeschichte ist nicht ohne Schuld, nicht ohne Asche. Roeland meditiert dazu: „Die Seele selbst verstümmelt, ihre Flügel gebrochen, ihre Sehnsucht eingesperrt. Zukunft anderer auf den Scheiterhaufen geworfen." Die Asche bleibt an meinen Fingern kleben, weil sie feucht werden bei dem Gedanken: Und was habe ich verbrannt, in mir, im Nächsten, in Menschen, die ich gar nicht kenne?

Die Asche von Auschwitz klagt nicht nur die anderen an, sie zeigt, wohin eigene menschliche Schuld zuletzt führen kann.

„Ach, Mensch, gedenke: Du bist voller Schuld. Voller Schuld ist deine Asche."

Die Asche schafft Platz für neues Leben

Wenn ich lange genug auf die Asche schaue, dann wird sie mir auch zu einem hoffnungsvollen Zeichen. Roeland verwendet dafür das Bild vom abgeernteten Feld, wo alles, was noch blieb, verbrannt wird. Der Acker scheint erstorben zu sein, und doch warten Asche und Erde geduldig, bis nach dem Winter die neue Saat hervorsprießt. So muss auch in uns vieles geprüft, geläutert, ausgebrannt, zu Asche werden, damit wir neue Menschen werden können.

Was doch im Ackerboden eines Menschen noch alles stecken mag, nicht nur bei einem jungen Menschen, sondern auch bei einem, der schon alt geworden ist: neue Kraft und neue Triebe, eine Saat, die erst spät reift, Früchte, die viel besser sind, als man zu erwarten wagte. Roeland schließt sein Gedicht, das mit der kalten Asche begann, so hoffnungsvoll: „Ach, Mensch: Du bist für das Leben bestimmt. Kehre um und glaube an das Evangelium!"

„Kehr um und glaub an das Evangelium!"

Durch viele Priesterjahre hindurch musste ich nach den damaligen Vorschriften der Liturgie bei der Erteilung des Aschenkreuzes sagen: „Memento, homo, quia pulvis es, et in pulverem reverteris." Auch wer nicht Latein konnte, wusste längst, was das heißt: „Gedenke, Mensch, dass du Staub bist, und zum Staub musst du zurück." Das sind Worte, die Gott zu Adam nach dem Sündenfall gesprochen hat, wie das Buch Genesis 3,19 berichtet. Die heutige Liturgie schlägt noch ein anderes Deutewort vor: „Bekehrt euch und glaubt an das Evangelium!"

Wenn ich am Aschermittwoch den vielen Menschen mit Asche ein Kreuz auf die Stirne zeichne, wähle ich jetzt immer diese Form. Es sind jene Worte, mit denen Markus in seinem Evangelium Jesus die Verkündigung vom Reiche Gottes beginnen lässt. Die Frohe Botschaft vom Reich ist aber keine Botschaft vom Tod, sondern vom neuen Leben. Die Asche erinnert den Christen nicht nur an ein irdisches Ende, sondern auch daran, was nachher kommen wird.

2014

Erster Fastensonntag

2
Versuchungen Jesu – und wie er sich als Gottes Sohn erwies

Am ersten Sonntag in der österlichen Bußzeit wird das Evangelium von der Versuchung Jesu verkündigt. Für Prediger stellt dieser Bericht auch fast eine „Versuchung" dar, nämlich daraus möglichst schnell ein Programm für die begonnene Fastenzeit zu machen. Das geht ganz leicht, weil sich viele Anknüpfungspunkte ergeben. Man kann zum Beispiel mahnen, wie Jesus in die „Wüste" zu gehen, sich wenigstens stundenweise zurückzuziehen zu einer Besinnung über das Leben. Auch über die Zahl Vierzig lässt sich trefflich meditieren: vierzig Tage und vierzig Nächte fastete Mose auf dem Berg, bevor er von Gott das Gesetz empfing; vierzig Jahre wanderte Israel durch die Wüste und hat gegen Gott aufbegehrt. Der Prophet Jona gab Ninive noch vierzig Tage Zeit zur Umkehr.

Die drei Versuchungen, denen Jesus nach dem Evangelium ausgesetzt war, laden zu konkreten moralischen Anwendungen ein: nicht der Gier nach irdischen Gütern, nach Sensation und Macht zu verfallen. Vielleicht nutzt ein Prediger sogar die Gelegenheit, wieder einmal über den Teufel zu reden, den Versucher von Anbeginn, was manche Hörer ohnehin vermissen und darin, wohl sehr zu Unrecht, den Grund für den Verfall der Moral sehen.

Es geht nicht um Moral,
sondern um die Sendung Jesu Christi

All das wird der eigentlichen Aussage dieses Evangeliumstextes nicht gerecht. Das Anliegen der Evangelisten ist, etwas über Jesu Sendung auszusagen, zu zeigen, wie dieser Jesus, den Gott unmittelbar vorher bei der Taufe im Jordan als seinen geliebten Sohn beglaubigt hatte, nun in der Kraft des Heiligen Geistes wirkt. Wie er dem bösen Geist widersteht und ihn vertreibt, weil er ganz auf Gott hört und nur allein ihm zu dienen bereit ist. Adam ist einst dem Versucher erlegen, Jesus Christus, der zweite Adam, widersteht ihm. „Weg mit dir, Satan!" (Mt 4,10), dieses sieghafte Wort Jesu zeigt an, dass er die Macht des Bösen gebrochen hat. Die ganze Versuchungsszene, die am Beginn der öffentlichen Tätigkeit Jesu steht, wird zum Schlüssel, um seine Sendung, seine Person, aber auch die Ablehnung, die ihm widerfahren wird, zu verstehen. An ihm werden sich die Geister scheiden. Er ist dazu bestimmt, „dass in Israel viele durch ihn zu Fall kommen und viele aufgerichtet werden, und er wird ein Zeichen sein, dem widersprochen wird" (Lk 2,34).

Aber was soll das für heute bedeuten? Die persönliche Entscheidung für oder gegen Christus hat jeder von uns in seinem Leben erst endgültig zu fällen. Jesus gibt uns in seinem Streitgespräch mit dem Teufel dafür klare Anstöße.

„Der Mensch lebt nicht von Brot allein"

Als Jesus vierzig Tage und vierzig Nächte gefastet hatte, bekam er Hunger. Da rät ihm der Teufel, doch aus Steinen Brot zu machen. Es geht dabei nicht nur einfach um die Stillung des physischen Hungers. Vielmehr will der Teufel Jesus von seiner Sendung abbringen, vom Weg des Gehorsams dem

Vater gegenüber, vom eigentlichen Dienst, den er den Menschen zu erweisen hat.

Jesus ist nicht in die Welt gekommen, um für sie etwas zu tun, nicht nur, um den Menschen irdisches Brot zu geben, sondern um für sie selbst zum Brot zu werden, ohne das sie nicht leben können. So meint Jesus zunächst auch sich selbst und nicht nur uns, wenn er dem Teufel das Schriftwort entgegenhält: „Der Mensch lebt nicht nur von Brot, sondern von jedem Wort, das aus Gottes Mund kommt" (Mt 4,4).

Wozu der Teufel Jesus versucht, lag durchaus auch in der Erwartung vieler Zeitgenossen Jesu. Als er einmal fünftausend auf wunderbare Weise speiste, weil „er Mitleid mit ihnen hatte" (Mk 6,34), und die Menge satt geworden war, wollten sie ihn mit Gewalt zum König, zum „Brotkönig", machen. Da zog er sich von ihnen zurück. Als er ihnen dann in der Synagoge von Kafarnaum darlegte, was das wahre Brot vom Himmel ist, das der Welt das Leben gibt, und dabei auf sich wies: „Ich bin das Brot des Lebens. Wer von diesem Brot isst, wird in Ewigkeit leben", da waren sie maßlos enttäuscht, murrten und verließen ihn in Scharen. Selbst die zwölf Apostel waren ratlos, nur Petrus beteuerte: „Herr, zu wem sollen wir gehen? Du hast Worte des ewigen Lebens" (Joh 6,68).

Ich weiß, dass viele Menschen auch heute von Gott enttäuscht sind, weil er nicht wirkungsvoll genug den leiblichen Hunger in der Welt stillt. Es wäre tatsächlich zynisch, jemandem, der ständig einen leeren Magen hat, das Wort Jesu entgegenzuhalten: „Nicht von Brot allein lebt der Mensch." Aber gibt es nicht auch einen anderen, geistigen Hunger, der das Leben bedroht und der nicht mehr gestillt wird, etwa der Hunger nach Sinn oder nach einer Antwort auf die Frage: Was ist der Mensch (Ps 8,5), und wohin geht er?

„Du sollst den Herrn, deinen Gott, nicht auf die Probe stellen"

Der Versucher in der Wüste nahm Jesus mit sich in die heilige Stadt, stellte ihn auf die Zinne des Tempels und forderte ihn auf, sich hinabzustürzen, Gott habe ihm doch zugesagt, dass Engel ihn auf Händen tragen würden. Ein Schauwunder soll er wirken, ganz nach dem Geschmack der „Welt".

Schon immer haben Menschen von Gott Wunder gefordert. Die Israeliten in der Wüste stellten Gott mit ihrem Begehren nach immer neuen Wundern auf die Probe. Die Zeitgenossen Jesu fragten nach Zeichen, die ihn beglaubigen sollten. Auch viele moderne Menschen sind einer erstaunlichen Wundersucht verfallen. Wem Gott zu wenig Wunder wirkt, der scheint an Gottes Güte oder an seiner Allmacht zu zweifeln. Wundersucht ist kein Zeichen eines besonderen Glaubens, sondern eines Unglaubens. Jesus hat Wunder nur dort gewirkt, wo ihm gläubiges Vertrauen entgegengebracht wurde. Wo aber Unglaube herrschte, wie in seiner eigenen Heimatstadt, dort hat er nur wenige Wunder getan (vgl. Mt 13,58).

Wer in der österlichen Bußzeit still werden kann, wird nicht nach neuen Wundern rufen, vielleicht aber die zahllosen Zeichen der Liebe und Allmacht Gottes in seinem eigenen Leben und in der Welt dankbar entdecken.

„Dem Herrn, deinem Gott, allein sollst du dienen!"

Zuletzt bietet der Teufel Jesus die Weltherrschaft an, wenn er niederfällt und ihn anbetet. Die dramatische Auseinandersetzung erreicht damit den Gipfel. Es geht um die Versuchung irdischer Macht und um die Frage, vor wem man bereit ist, das Knie zu beugen.

So absurd diese Versuchung zunächst klingt, sie tritt an viele im Leben bedrohlich heran. Wie viele erwarteten nicht zur

Zeit Jesu einen politischen Messias, der das Reich wiederherstellen wird? In ihrer Geschichte war die Kirche oft der Versuchung nach irdischer Macht ausgesetzt gewesen und ist ihr auch immer wieder erlegen. Und das Goldene Kalb, um das die Israeliten in der Wüste tanzten, hatte im Lauf der Jahrhunderte viele Gestalten, so auch in den modernen Götzen unserer Tage, denen nicht wenige Arbeitskraft, Lebensglück, Gesundheit und auch den Glauben zu opfern bereit sind.

Die Fastenzeit verlangt Rechenschaft von uns, wem wir eigentlich zu dienen bereit sind und wem wir die höchste Ehre erweisen wollen. Man kann nicht zwei Herren dienen!

In der Wüste Gott begegnen

In der sehr dramatischen Versuchungsszene kommt meist der so tröstliche Schluss zu kurz, dass schließlich Engel kamen und Jesus dienten. Gott lässt einen in aller Prüfung nie allein. Die Wüste ist ein Ort der Dämonen und daher Furcht erregend, sie ist aber ebenso ein Ort der Begegnung mit Gott. Hier fällt mir eine wunderbare Stelle im Buch Hosea ein, wo Gott seinem Volke vorwirft, dass es den Liebesbund mit ihm gebrochen hat. Er will trotz allem ein Gott der Gnade bleiben und neu um das von ihm geliebte Volk werben, und das gerade in der Wüste. „Darum will ich selbst sie verlocken. Ich will sie in die Wüste hinausführen und sie umwerben" (Hos 2,16).

Die Wüste ist vielfach zum Ort der Gotteserscheinung geworden. Wir sollten sie in diesen vierzig Tagen mit wachem Herzen aufsuchen in der Hoffnung, dort dem Gott, der uns wieder neu „verlocken" will, zu begegnen.

Palmsonntag

3
Beim Jubel will man dabei sein, nicht bei der Passion

Als ich noch Pfarrer in einer Kleinstadt in Niederösterreich war, versammelten wir uns am Palmsonntag bei einer Dreifaltigkeitssäule zur Segnung der Palmzweige und zogen von dort feierlich in die Kirche ein. Das ganze Jahr über sah ich nie so viele Kinder beim Gottesdienst wie an diesem Tag. Jedes hatte einen Palmbuschen mitgebracht und streckte ihn beim Segen mit Begeisterung in die Höhe. Eine frohe Stimmung lag über der Menge und der Gesang der Bekenntnislieder zu Christus, dem König, während der Prozession ließ eine innere Anteilnahme spüren. Sobald dann der Wortgottesdienst in der Kirche mit den Lesungen vom leidenden Gottesknecht und der Passionsgeschichte begann, schien die Aufmerksamkeit merklich zu sinken. Manche waren gleich nach der Prozession mit ihren „geweihten" Zweigen nach Hause gegangen, viele aber blieben. Doch nur wenige verstanden, warum auf den eben vorausgegangenen Jubel gleich solche Leidenstöne folgen mussten. Aus „Rücksicht" darauf begnügt man sich in einigen Pfarreien mit der Kurzfassung der Leidensgeschichte, um so schneller ans Ende zu kommen.

Die beiden großen Themen am Palmsonntag, messianischer Einzug und Passion, zeigen Jerusalem sowohl als Ort der Erhöhung als auch der Erniedrigung Jesu. Dass der Weg Jesu durch beides führt, durch Jubel und Verachtung, war schon den Aposteln schwer verständlich und ist es bis heute für die meisten Christen geblieben. Wie aber können wir dann das eigene Leben mit seinem Auf und Ab annehmen, wie können wir Mut finden, mit Jesus Christus auch bis unter das Kreuz zu gehen?

Nach Jerusalem gehen, um zu leiden

Jesus wollte seine Jünger behutsam auf sein Leiden vorbereiten. Als er das erste Mal davon sprach, dass er nach Jerusalem gehen müsse, um zu leiden, dass er dort getötet würde, um aber am dritten Tag aufzuerstehen, nahm Petrus ihn beiseite und machte ihm Vorwürfe: „Das soll Gott verhüten, Herr! Das darf nicht mit dir geschehen!" (Mt 16,22). Darauf wies ihn Jesus energisch zurecht: „Weg mit dir, Satan, geh mir aus den Augen! Du hast nicht das im Sinn, was Gott will, sondern was die Menschen wollen" (Mt 16,23). Genauso hart, sogar mit den gleichen Worten, hatte Jesus bei seinem Fasten in der Wüste den Versucher in die Schranken gewiesen. Auch die Jünger Jesu hatten Angst vor dem Leiden und konnten nicht verstehen, dass der Weg mit Jesus, den sie gewählt hatten, einmal eine so dramatische Wendung nehmen könnte. Als Jesus dann mit ihnen in feierlicher Wallfahrt in Jerusalem einzog, wie uns das Evangelium am Palmsonntag berichtet, schien noch alles gut zu gehen. Und als sie an die Stelle kamen, an der man vom Ölberg aus den Tempel sehen kann, da brachen sie in lauten Jubel aus und lobten Gott „wegen all der Wundertaten, die sie erlebt hatten" (Lk 19,37). Bis hierher war es gut, bei Jesus zu sein, dem angesehenen Freund und Wundertäter. Was sich aber bald in Jerusalem ereignen sollte, ließ selbst die engsten Freunde Jesu untreu werden. Sie verließen ihn in seinem Leiden und der Freundeskreis zerstreute sich.

Treu sein nur in guten Tagen?

Der Stimmungsumschwung nach dem Einzug Jesu in Jerusalem scheint mir für menschliches Verhalten typisch zu sein. Wo Jubel herrscht und allgemeine Zustimmung, da ist es leicht, dabei zu sein. Tauchen aber Schwierigkeiten auf, stellen sich Auseinandersetzungen ein, soll man gar mit anderen Schweres durchstehen, dann trennen sich bei vielen die Wege. In solchen Situationen werden immer wieder Menschen Gott, ihren Freunden und sogar ihrem Ehepartner untreu.

Wer sich gläubig an Gott wendet, der meint oft, nun müsse alles gut gehen im Leben. Gott, dem er sich anvertraut, muss doch ihn und seine Lieben schützen. Wer bereit ist, für Gott etwas zu tun, darf doch schon hier auf Erden mit entsprechendem Lohn rechnen.

In guten Tagen ist es nicht schwer, Gott zu loben. Kommt es aber dann einmal plötzlich anders, als man erwartete, schwindet das Vertrauen in Gott, wächst die Enttäuschung, und viele kündigen dann verbittert Gott die Treue. Wer so denkt und reagiert, vertraut Gott nicht wirklich, sondern will sich ihn zum Werkzeug machen. Wer Gott ehrlich liebt, der müsste sich auch in der bittersten Enttäuschung fragen: „Was kann das für mich bedeuten? Wie hilft mir Gott, auch das ganz Schwere noch zum Guten zu wenden?"

Auch in den zwischenmenschlichen Beziehungen hält die Treue oft nur in guten Tagen. Alles geht gut, solange jeweils der andere die in ihn gesetzten Erwartungen erfüllt. Ändert sich das, entfaltet sich der Partner anders, als man wünschte, treten Krisen auf, dann gehen oft sogar Menschen, die sich viel bedeuteten, enttäuscht und verbittert auseinander. Ich glaube, dass darin auch ein Grund dafür liegt, dass immer mehr Ehen schon nach wenigen Jahren zerbrechen. Es mag sein, dass heute mehr Ehen aus Liebe geschlossen werden als früher. Aber fehlt dieser Liebe nicht oft die Bereitschaft, sich gegenseitig vorurteilslos anzunehmen, auch unvorhergesehene Wege gemeinsam zu gehen und vor Schwierigkeiten nicht zu fliehen, sondern sich von ihnen gemeinsam herausfordern zu lassen?

Früher konnte man stolz auf die Kirche sein ...

Die Versuchung der Jünger, Jesus gerade auf seinem Weg zum Leiden zu verlassen, scheint mir heute eine Parallele dort zu haben, wo Menschen sich enttäuscht von der Kirche abwenden, sogar in großer Zahl austreten. Früher, in den 1950er-Jahren und später wieder nach dem Konzil, waren viele stolz auf die Kirche. Sie hatte sich geöffnet, hatte große Resonanz in der Öffentlichkeit und viele setzten ihre Hoffnung auf ihr Wirken und ihr richtungweisendes Wort. Damals war es leicht, bei Prozessionen und Bekenntnismärschen in der Masse mitzugehen und bei Katholikentagen aus dem Gefühl der Stärke Forderungen an die Gesellschaft zu richten. Heute hat die Kirche viel an Ansehen verloren, ist heftiger Kritik ausgesetzt und immer wieder auch Zielscheibe des Spottes. Die Gründe sind vielfach, liegen oft auch am Verhalten der Kirche selbst. Da ist es ungleich schwerer, sich öffentlich zu einer Kirche zu bekennen, die oft nicht mehr verstanden wird und die trotz immer lauter werdender Mahnungen schon so lange notwendige Erneuerungen unentschlossen vor sich herschiebt.

Aber hatten wir bei allem Erhebenden, das wir seinerzeit erlebten, letztlich nicht doch auch ein Kirchenbewusstsein, das zum Triumphalismus neigte? Und ist es nicht eine neue Herausforderung, gerade in dieser nun religiös gleichgültigen Gesellschaft, aber auch in der Krise der Kirche selbst Glied der Kirche zu sein? Hat die Kirche in der Geschichte nicht gerade in der größten Bedrängnis die wertvollsten Kräfte aktiviert? Gilt es nicht vor allem heute, Christus, dem Herrn, der in seiner Kirche und mit der Kirche leidet, die Treue zu halten? Leben wir nicht in einer Kirche, die gerade durch die Infragestellung und Kritik von außen, aber auch durch ihre inneren Auseinandersetzungen und Spannungen einen Prozess der Läuterung erfährt? Von vielen bedauerlichen menschlichen Unzulänglichkeiten in der Kirche abgesehen, bin ich stolz, zu dieser Kirche zu gehören, und froh, gerade in dieser Umbruchszeit, in der Weichen für die Zukunft gestellt werden müssen, in ihr wirken zu dürfen.

Jerusalem, Ort der Erniedrigung und Erhöhung

Immer, wenn ich in das Heilige Land komme, freue ich mich auf den Augenblick, da ich mich mit einer Gruppe über Betanien der Stadt Jerusalem nähere. Ich möchte mich dann am liebsten am Ölberg, dort, wo die Palmsonntagsszene lokalisiert wird, allein hinsetzen und auf die Stadt schauen. Ich sehe Jerusalem, die Stadt des wunderbaren Tempels, von dem heute nur noch Mauerreste stehen, die Stadt, die Jesus zuerst mit Jubel empfing und vor deren Mauern er dann am Kreuze starb, die Stadt, in der wider alle Hoffnung sich die Kunde von der Auferstehung Jesu unaufhaltsam ausbreitete. Es ist die Stadt, in der jeder Stein ein Stück irdischer, menschlicher Geschichte erzählt und die mich dennoch an das himmlische Jerusalem erinnert, auf das wir alle zugehen und in dem sich alles vollenden wird.

Der Palmsonntag mit seiner so unterschiedlichen Spannung von Jubel, Untreue und Leiden, wie sie in der Liturgie zum Ausdruck kommt, zeigt auch unsere eigenen Probleme auf. Wer nur beim ersten Jubel verharrt und sich nicht auch dem Leiden Jesu stellt, wird das Kreuz auf Golgota und das Kreuz im eigenen Leben nicht verstehen lernen, er wird aber auch nicht zum wahren Osterjubel kommen.

4
Ein König kommt auf einem Esel

Den königlichen Einzug Jesu in Jerusalem vor seinem Leiden schildern die Evangelien so anschaulich, dass man sich fast wie mitten unter die jubelnde Menge versetzt fühlt. Da wird ein Szenenbild entworfen, das beim Lesen die Phantasie beflügelt und zur bildlichen Darstellung geradezu herausfordert. So ist dieses Ereignis auch bei Passionsspielen ein willkommener Anlass, alle Register der Theaterkunst zu ziehen und eine packende Massenszene vor Augen zu führen. Auch das Brauchtum hat viele Einzelheiten aufgenommen und weiter gepflegt, wie in manchen Gegenden die oft haushohen „Palmbäume" oder „Palmstangen" zeigen, oder Nachbildungen des „Eselritts" und kunstvolle Darstellungen Jesu auf dem Reittier, die in Prozessionen am Palmsonntag mitgeführt werden. Die Bilder sind so zahlreich, dass die eigentliche Aussage des Glaubens in der Fülle der Eindrücke unterzugehen droht. Für moderne Christen stellt sich das Problem, was man mit einem „König" anfangen soll in einer Zeit, da fast alle Könige in der Welt abgedankt haben und bestenfalls nur mehr repräsentative Aufgaben wahrnehmen. Und was soll dazu noch ein König auf einem Esel, also auf einem Tier, mit dem man eher Trägheit, Starrsinn oder Unverstand verbindet als Würde. Die Zeitgenossen Jesu, vor allem jene, die auf den Messias warteten, kannten die vielen Anspielungen in der Bibel, so dass sie in Erinnerung daran voll Dankbarkeit in den Ruf mit einstimmen konnten: „Hosanna! Gesegnet sei er, der kommt im Namen des Herrn, der König Israels!" (Joh 12,13).

Was ist der Hintergrund für diesen Jubelruf bei diesem Geschehen und welche Lehre zog man daraus?

Souverän wie ein König

Die Evangelisten zeigen auf vielfache Weise, dass hier in Jerusalem ein wahrer König Einzug hält. Die Menschen breiteten vor ihm ihre Kleider aus und machten es damit genauso wie die Leute neun Jahrhunderte vorher zur Zeit des Propheten Elischa. Als damals einer seiner Jünger Jehu zum König salbte, nahmen sogleich alle ihre Kleider und legten sie ihm zu Füßen (2 Kön 9,13). Das entsprach einem bekannten Ritual, wenn einer König wurde. Auch schnitt man Zweige von den Bäumen und streute sie auf den Weg, denn so huldigte man einem neu gesalbten König von alters her.

Jesus verlangte nach einem jungen Esel als Reittier. Der Esel war nicht nur das Lasttier armer Leute, sondern galt auch – wie oft in der Bibel nachzulesen ist – als ein fürstliches Reittier. So ruft auch der Prophet Sacharja das bedrückte Volk, die „Tochter Jerusalem", zum Jubel auf, denn „siehe, dein König kommt zu dir und reitet auf einem Esel, auf einem Fohlen, dem Jungen einer Eselin" (Sach 9,9). Jesus zog in Jerusalem ein, nicht wie einer, der sich niedergebeugt einem unentrinnbaren Schicksal ergeben hat, sondern souverän, entschieden und dabei selbst gebieterisch nach jenem Reittier verlangend, das er „braucht", um seine Würde sichtbar zu machen. Hier ist etwas von jenem Selbstbewusstsein zu spüren, mit dem Jesus wenig später vor Pilatus bekannte: „Ja, ich bin ein König" (Joh 18,37). Er will in Jerusalem als König einziehen, um zu zeigen, dass er derjenige ist, den Jahwes Volk voll Sehnsucht erwartete. Und dennoch haben ihn viele nicht erkannt.

Des Königs Reittier ist kein Schlachtross

Meist wurde die Macht eines Königs nach der Stärke seines Heeres bemessen, und als dessen Befehlshaber ritt er diesem auf einem feurigen Ross voran und nicht auf einem jungen

Esel. Israel hat sich in seinem Kampf gegen die vielen Feinde oft einen kriegerischen Gott gewünscht und ihn im Laufe seiner Heilsgeschichte auch häufig so gedeutet, seine Allmacht und Übermacht in Gebeten gerühmt. Andererseits erweckte ein solches Gottesbild bei vielen Frommen in Israel Angst, erwarteten sie doch für ihr Heil von Gott nicht Strenge, sondern Milde, mehr Barmherzigkeit als unbestechliche Gerechtigkeit. Der Messias, der Gesalbte Gottes, so erhofften alle zu Recht, werde den Frieden bringen, ein Fürst des Friedens sein.

Daran erinnert der Evangelist Matthäus ausdrücklich in seiner Darstellung des Einzugs Jesu in Jerusalem und er zitiert dabei den Propheten: „Sagt der Tochter Zion: Siehe, dein König kommt zu dir. Er ist friedfertig, und er reitet auf einer Eselin" (Mt 21,5). Jesus zieht als milder König ein, nicht als strafender oder richtender, an seinem Reittier sollten die Gläubigen im Volke ihn erkennen. In aller Sanftmut bietet er jetzt Jerusalem das Heil an, damit es sich entscheide.

Ein Lasttier für den König, der selber Lasten trägt

Ein Esel ist kein kriegerisches Tier, kein Schlachtross, sondern ein Tragtier, das die Lasten anderer schleppt. Diesen Gedanken hebt Matthäus eigens hervor, da es in seinem Bericht vom Einzug in Jerusalem ausdrücklich von dem Fohlen, das sie Jesus brachten, heißt, es sei das „Junge eines Lasttiers" (Mt 21,5). Ich denke dabei an die Bereitschaft Jesu, die Lasten aller Menschen auf sich zu nehmen, ihre Mühsal, ihre Krankheiten und Leiden, die Last der Sünde, ja selbst des Todes. Ist es nicht ein seltsamer König, der nicht Lasten verteilt und aufbürdet, sondern sie selbst geduldig und demütig für andere trägt?

Jesus geht seiner Kirche voraus

Der Weg, den Jesus gegangen ist, soll auch der Weg seiner Jünger, der Weg der Kirche sein.

Die Art, wie Jesus in Jerusalem einzog, scheint mir zunächst eine Mahnung an die Kirche und an alle Christen zu sein, wieder souveräner zu werden und Mut zu fassen, ebenso erhobenen Hauptes durch diese Zeit zu gehen, denn der christliche Glaube hat den Menschen unserer Tage sehr viel zur Deutung ihres Lebens anzubieten, zur Sinnhaftigkeit ihres Tuns, weil die Kirche unserer säkularisierten Gesellschaft wieder etwas vom Heiligen vermittelt, ohne das Menschen auf Dauer nicht leben können. Die Christen müssten auch gegenüber drohenden Schwierigkeiten und Gefahren souveräner sein und dürften sich nicht durch schwindenden Einfluss in der Öffentlichkeit, durch zunehmende Kirchenaustritte, durch den Mangel an Priester- und Ordensberufen und vieles andere entmutigen lassen.

Ferner scheint uns Jesus zu lehren, der Welt unter Verzicht auf Gewalt den Frieden zu bringen. Manche meinen heute, die Kirche müsste wieder streitbarer werden, mutiger kämpfen, offensive Strategien entwickeln. Sie halten es für wirkungsvoller, auf einem Schlachtross zu reiten, als auf einem jungen, zahmen Esel. Doch entfernen wir uns damit nicht sehr weit von dem gnädigen Gott, den wir doch zu verkünden haben?

Schließlich verweist uns Jesus auf jenes Lasttier, das die Lasten anderer geduldig trägt. Viele verlieren heute das Vertrauen in die Kirche, weil sie das Gefühl haben, sie bürde Lasten auf und helfe ihnen kaum, sie zu tragen. Es besteht sicherlich kein Zweifel darüber, dass die Glaubwürdigkeit der Kirche in dem Maß wachsen wird, als sie sich spürbar zum „Lasttier" für andere macht; zum Lasttier, das bereit ist, die Not, das Kreuz, aber auch die Schuld mit anderen mitzutragen.

Doch überfordert das die Kirche nicht, gibt sie sich damit nicht selber preis? Zeigt das, was in Jerusalem für Jesus als

Drama folgt, nicht, welche Gefahren drohen? Ein Bibelwissenschaftler fasste einmal die Perikope vom Einzug Jesu in Jerusalem und dem Geschehen danach in dem kurzen Satz zusammen: „Der König ohne Schwert und Schild wird das Opfer seiner Stadt." Darf die Kirche für sich mehr verlangen?

5
„Niemals sollst du mir die Füße waschen!"

Jesus nachzuahmen, wie er seinen Jüngern die Füße wusch, hat eine sehr alte Tradition, vor allem in Klostergemeinschaften. Der heilige Benedikt schreibt in seiner Ordensregel den Mönchen sogar vor, einander und vor allem Gästen die Füße zu waschen. Als gottesdienstliche Handlung am Hohen Donnerstag wurde die Fußwaschung dann insbesondere in Bischofskirchen Brauch. Seit der Erneuerung der Liturgie der Heiligen Woche im Jahr 1955 kann der Fußwaschungsritus am Gründonnerstag in jeder Pfarrkirche vorgenommen werden, und zwar während der Abendmahlsmesse nach dem Evangelium.

Als ich von 1964 bis 1969 Pfarrer in Laa a. d. Thaya war, hatte ich dennoch immer eine gewisse Scheu, die Fußwaschung vorzunehmen. Ich fürchtete, die Menschen würden heute diese Geste, so ergreifend sie ist, nur schwer verstehen, wenn ich sie, in liturgische Gewänder gekleidet, in einem feierlichen Ritus vollziehe. Zwölf ausgewählten Personen, die sauber und gepflegt in die Kirche kommen, symbolisch die Füße zu benetzen, ist gewiss kein Opfer. Pfleger, die einem hilflosen kranken oder alten Menschen in seiner Notdurft beistehen und ihn liebevoll waschen, sind dem Vorbild Jesu und seiner dienenden Gesinnung zweifellos näher.

Jesus macht sich zum Sklaven seiner Jünger

In der Gesellschaft genießen die Mächtigen und Herrschenden Ansehen und nicht diejenigen, die sich vor anderen erniedrigen. Und wer die Wahl hat, hält lieber zu dem, der zu befehlen hat, als zu einem, der bedient. Jesus muss seine Jünger sehr schockiert haben, als er mitten beim Mahl aufstand – also nicht vorher, wie es üblich war, was noch mehr auffiel –, eine Schürze nahm, Wasser in eine Schüssel goss, sich vor jeden hinkniete und ihm die Füße wusch. Er tat dies bei Judas, der ihn schon verraten hatte, genauso wie bei dem Jünger, den er besonders liebte und den die Tradition Johannes nennt. Er verrichtete damit einen Dienst, der sonst dem niedrigsten der Sklaven oblag. Kein Wunder, dass der impulsive Petrus, als Jesus vor ihm kniete, energisch abwehrte: „Niemals sollst du mir die Füße waschen!" Sagt er das wirklich nur aus Rücksicht auf Jesus oder auch aus Furcht, ein solches Beispiel könnte für ihn Konsequenzen in der Nachfolge Jesu haben?

Die frühe Kirche hat die Überlieferung der Fußwaschung so sehr bewegt, dass der Verfasser des Johannesevangeliums sie an den Eingang seines Passionsberichtes stellte. Mehr noch: Die Fußwaschung findet sich bei Johannes gerade an der Stelle, an der die anderen Evangelisten von der Einsetzung der Eucharistie berichten, da Jesus Brot und Wein nahm und den Seinen reiche.

Die Fußwaschung ist ein symbolisches Geschehen, in dem die tiefste Erniedrigung am Kreuz vorweggenommen wird. Sie ist ein drastisches Zeichen dafür, zu welchem Einsatz Gott für diese Welt bereit ist. Jesus gibt mit dem Waschen der Füße ein Beispiel, wie Christen einander lieben sollen und in welcher Gesinnung Eucharistie zu feiern wäre.

Der Schöpfer kniet vor seinem Geschöpf

Jesus kam nicht wie ein Mächtiger in diese Welt, sondern als hilfloses Kind. „Obwohl er Gott gleich war, hielt er nicht daran fest, wie Gott zu sein, sondern entäußerte sich und wurde wie ein Sklave und den Menschen gleich. Er war gehorsam bis zum Tod, bis zum Tod am Kreuz." So sangen und beteten die ersten Christen in einem Hymnus, der uns im Philipperbrief überliefert ist (Phil 2,6–8). Aber es war wohl sehr schwer, diese Erniedrigung zu begreifen. Die Jünger nannten Jesus gerne Meister und Herr und wünschten sich einen, in dessen Gefolgschaft sie selbst gehobene Plätze einnehmen können. Wiederholt stritten sie sogar darüber, wer von ihnen wohl der Größte sei. Sie mussten erst lernen, dass es bei ihnen nicht so sein sollte wie sonst in der Welt und dass ihr Meister nicht gekommen war, sich bedienen zu lassen, sondern um zu dienen.

Jesus kam in diese Welt, um Zeugnis von seinem Vater im Himmel, dem unsichtbaren Gott, zu geben. Er kam als dessen Ebenbild, als seine „Ikone". In machtvoller Rede und in wunderbarem Tun offenbarte er den Menschen, wie Gott ist und wie er Heil wirkt. Auch im Zeichen der Fußwaschung bleibt Jesus Abbild Gottes. Er gibt Kunde von einem Gott, der sich in unfassbarer Liebe zu den Menschen in ihrer Schuld und Erlösungsbedürftigkeit neigt und in dieser Zuneigung Annahme und Ablehnung gleichermaßen in Kauf nimmt. In Jesus, der den Seinen die Füße wäscht, kniet gleichsam Gott, der Schöpfer, selbst vor seinem Geschöpf, wie ein Theologe einmal drastisch sagte. Wer hat schon daran gedacht, dass Gottes Abbild zu sein auch solche Züge mit einschließt?

Dienen ist das Grundgesetz der Kirche

Was Jesus mit der Fußwaschung getan hat, ist für seine Jüngergemeinde und damit für die Kirche verbindlich. „Ich habe euch ein Beispiel gegeben, damit auch ihr so handelt, wie ich an euch gehandelt habe" (Joh 13,15). So gehört das Dienen zum Grundgesetz der Kirche. Vorab verpflichtet es alle, die besondere Verantwortung in der Kirche tragen, denen ein Amt übertragen wurde. Wir Bischöfe berufen uns darauf, Nachfolger der Apostel zu sein. Daher trifft uns dieses Beispiel Jesu zuallererst. Sehr konsequent hat ein Bischof einmal gesagt: „Wir müssten einander in der Kirche viel eher die Füße als die Köpfe waschen!"

Zum Dienen sind aber auch alle Gläubigen aufgerufen. Heute haben Christen manchmal Angst, immer mehr in die Minorität zu geraten. Ihre Bedeutung in der Welt wird nicht nach ihrer Zahl gewertet, sondern nach dem Dienst, den sie den Menschen, unter denen sie leben, leisten. Die Kirche insgesamt hat den demütigen Dienst Jesu Christi der Welt anzubieten. Sie muss das oft noch prunkvolle Gewand des Herrschens, der Privilegien, der Vorrangstellung ablegen und sich mit dem bescheidenen, einfachen Leinentuch der Demut umgürten, das sie frei macht zum barmherzigen Dienst. Wer sonst als die Kirche müsste sich als Erster zu den Ärmsten niederbeugen, zu denen, die kein Obdach haben, die schwerst behindert sind, die alt, einsam und hilflos wurden, die mit dem Gesetz in Konflikt gerieten und im Leben gestrauchelt sind? Sie hat diesen Dienst allen gegenüber zu leisten ohne Ansehen der Person, der Nationalität, der Konfession und Religion und ohne Verdienst oder Schuld als Vorbedingung abzuwägen.

Eucharistie zu feiern hat Konsequenzen für das Leben

Die Fußwaschung Jesu steht im Johannesevangelium an Stelle des Berichtes über die Stiftung des eucharistischen Mahles wohl deshalb, weil diese Geste noch auffallender als das Darreichen von Brot und Wein die Gesinnung der Hingabe Jesu deutet. Sind unsere Eucharistiefeiern nicht oft in Gefahr, zu einem Ritual zu werden? Wen berührt es noch zutiefst, dass Jesu Leib für uns dahingegeben wurde, dass er sein Blut für alle, nicht nur für die Auserwählten, vergossen hat? Wer dieses Gedächtnis gläubig feiert, müsste sich selbst zur Hingabe herausgefordert fühlen. Wenn der Priester im Namen Jesu sagen darf: „Das ist mein Leib", „Das ist mein Blut", dann geht es beim priesterlichen Dienst eben auch um den Einsatz des ganzen Lebens. „Tut dies zu meinem Gedächtnis" bedeutet nicht nur, nach außen noch einmal das Mahl symbolisch zu vollziehen, sondern aus der Kraft dieser Speise wie Jesus und in seiner Gesinnung an anderen zu handeln, ihnen zu dienen. Wer Jesu Leib und Blut empfängt, wer auf diese Weise eins wird mit ihm, müsste auch danach trachten, ihm immer ähnlicher zu werden. Welch verändernde Kraft für Kirche und Welt könnte von den vielen Messen ausgehen, die wir feiern?

Die Fußwaschung am Hohen Donnerstag ist zu bedeutsam, als dass man sie nur in einer kurzen, wenn auch feierlichen Zeremonie nachahmend vollziehen dürfte. Wie aber könnte man sie so gestalten, dass sie uns heute genauso wie Petrus damals zutiefst erschüttert? Und wer ist es, vor dem ich schon längst niederknien sollte, um ihm, um ihr zu helfen, zu verzeihen, oder nur um meine Nähe spüren zu lassen?

6
„Er hat uns zu Königen und Priestern gemacht"

Im Rom des frühen Mittelalters gab es am Hohen Donnerstag drei Eucharistiefeiern: eine für die Wiedereingliederung der öffentlichen Büßer in die kirchliche Gemeinschaft, eine für die Weihe der Öle und eine zum Gedächtnis des Letzten Abendmahles Jesu. Später blieben davon die Ölweihemesse, auch Chrisammesse genannt, die nur in den Bischofskirchen gefeiert wurde, und die Abendmahlsmesse in den übrigen Gemeinden. Im Mittelpunkt des heiligen Geschehens stand ganz klar das einmalige Hohepriestertum Jesu Christi, an dem er den Seinen im Weihepriestertum und im gemeinsamen Priestertum Anteil gegeben hat. In jüngster Zeit aber wird in dieser Liturgie besonders stark das Thema des Amtspriestertums betont, was auf mehrfache Weise deutlich wird. Zur Chrisammesse in der Bischofskirche, die auch wenige Tage vor dem Gründonnerstag gefeiert werden kann, werden vom Bischof alle Priester eingeladen, um durch die Konzelebration und die Erneuerung ihrer „Bereitschaftserklärung zum priesterlichen Dienst" die gegenseitige Verbundenheit durch die Priesterweihe sichtbar zu machen. In einem eigenen Schreiben wendet sich der Papst jedes Jahr am Gründonnerstag an alle Priester der Welt und trägt ihnen darin Gedanken über das Weihepriestertum vor. Auch die Predigten in der Abendmahlsmesse handeln jetzt vielfach nicht nur von der Einsetzung der Eucharistie, sondern auch von der des Priestertums. Das Erhebende und Zeichenhafte der mit ihrem Bischof feiernden Priestergemeinschaft und die Hochschätzung des Weihepriestertums dürfen jedoch nicht das einzigartige

Priestertum Jesu Christi verdecken und nicht vergessen lassen, dass dieses sich auch im gemeinsamen Priestertum aller Christen verwirklicht.

Das Priestertum Jesu Christi ist einmalig

Der einzige Hohepriester, „dem unser Bekenntnis gilt" (Hebr 3,1), ist Jesus Christus. Er ist nicht Priester durch Ausübung kultischer Funktionen, wie im Alten Bund üblich, nicht durch die Darbringung des Blutes von Stieren und Böcken, durch Schlacht- und Speiseopfer, Brand- und Sündopfer, sondern durch die Hingabe seines Lebens, „ein für alle Mal" zum Opfer dargebracht. Durch dieses Opfer hat er die Menschen mit Gott, aber auch untereinander versöhnt und ihnen das neue Leben geschenkt. Aus dem Tod erweckt und zu seinem Vater erhöht, ist Christus nun „Priester auf ewig" (Hebr 7,21) und tritt allzeit für die Seinen ein.

In der Abendmahlsfeier am Gründonnerstag, die sich durch das besondere Gedächtnis an Jesu letztes Mahl mit seinen Jüngern von allen anderen Messen des Jahres abhebt, wird deutlicher als sonst im Kirchenjahr, dass es nicht der geweihte Priester ist, der die Gemeinde einlädt, sondern Jesus Christus selbst. Er ist es, der zu ihr spricht. Er ist Priester und Opfergabe zugleich. Er gibt sich zur Speise, damit seine Tat der Erlösung sichtbar bleibt und Kraft spendend weiterwirkt.

Die Eucharistie ist der ganzen Kirche anvertraut

Jesus Christus, der immer Haupt der Kirche bleibt, hat der ganzen Kirche, nicht nur ihren Amtsträgern, Anteil an seinem dreifachen Amt, dem prophetischen, dem hohepriesterlichen und dem königlichen Amt, gegeben. In der Abendmahlsfeier freut sich die ganze Kirche über das Vermächtnis Jesu, durch das sie nun überall dort, wo sie in seinem Auftrag dieses Mahl feiert, zu „einem Leib in Christus" (Röm 12,5), ja zum „Leib Christi" (1 Kor 12,27) wird. Der französische Theologe und spätere Kardinal Henri de Lubac hat schon 1952, also lange vor dem Zweiten Vatikanischen Konzil, in seinem Buch „Méditation sur l'église" (die deutsche Übersetzung trägt den Titel: „Die Kirche – eine Betrachtung") in Erschließung der Theologie der Kirchenväter ein Bild der Kirche entworfen, das dem im entsprechenden Dokument des II. Vatikanums dargestellten erstaunlich gleicht. In einem Kapitel „Das Herz der Kirche" geht de Lubac ausführlich auf die Beziehung zwischen Kirche und Eucharistie ein. Zwei Abschnitte dieses Kapitels stellt er unter die Überschrift: „Die Kirche macht die Eucharistie" und „Die Eucharistie macht die Kirche". Ich zitiere diese Formulierung immer wieder, weil ich glaube, dass darin die Bedeutung der Eucharistie für das Leben der Kirche sehr deutlich zum Ausdruck gebracht ist.

„Die Kirche macht die Eucharistie." Das heißt: Der Kirche als Ganzes ist die Eucharistie anvertraut, nicht nur den Priestern. Wo immer eine Messe gefeiert wird, geschieht dies aus der Vollmacht der Kirche, feiert die ganze Kirche, nie der Priester allein. Die früher üblichen Messen allein und an Seitenaltären, „Privatmessen", zu denen sich Priester auch heute da und dort zurückziehen, lassen dieses Geheimnis nur noch schwer erkennen. Das Vermächtnis Jesu an seine Kirche unterstreicht ihre Verantwortung für die Eucharistie, wie und wo sie gefeiert wird und ob das äußere Zeichen immer tiefer zum inneren Geheimnis führt.

„Die Eucharistie macht die Kirche." In der Eucharistie nehmen wir alle an dem einen Brot, dem einen eucharistischen Leib Christi teil und werden so zu einem Leib. Durch dieses Sakrament wird die Einheit der Gläubigen dargestellt und verwirklicht, wie das Konzil lehrt. Deshalb ist die Eucharistie auch „Quelle und Höhepunkt" des ganzen christlichen und kirchlichen Lebens. Wenn Kirche sich somit wesentlich aus

Eucharistie aufbaut, wenn sie so sehr von ihr lebt, wie kann dann christliche Gemeinschaft im Vollsinn existieren, wo sie aus Priestermangel an manchen Orten immer häufiger, in den Missionsgebieten sogar oft auf lange Zeit auf Eucharistie verzichten muss? Wie ist es zu verantworten, dass man eher auf die Eucharistie verzichtet, als neue Zugänge zum Priesteramt zu eröffnen?

Durch Taufe und Firmung zu einer heiligen Priesterschaft geweiht

Während wir in der Abendmahlsmesse in Dankbarkeit des einmaligen Priestertums Jesu Christi gedenken, wird uns in der Chrisammesse bewusst, wie er, der einzige Hohepriester, in den Sakramenten alle Glaubenden zu einer heiligen Priesterschaft aufbauen will, damit sie mit ihm und durch ihn „geistige Opfer darbringen, die Gott gefallen" (1 Petr 2,5). In den Lesungen und im Ritus der Ölweihe bietet die Chrisammesse eine eindringliche Interpretation des „gemeinsamen Priestertums", von dem katholische Christen seit dem Zweiten Vatikanischen Konzil wieder unbefangen reden, nachdem es Jahrhunderte hindurch theologisch als „reformatorisches" Eigengut gegolten hat.

Wenn beim Ritus der Ölweihe die drei Krüge mit Katechumenenöl, Chrisam und Krankenöl vor den Altar gebracht werden, öffnet sich der Blick für den ganzen Reichtum der Sakramente. Bei der Weihe des Chrisams denke ich an die vielen Kinder und auch manche Erwachsene, die bald einmal die Taufe empfangen und mit diesem Öl gesalbt werden. Dabei werden über sie die Worte feierlich gesprochen: „Du wirst nun mit dem heiligen Chrisam gesalbt; denn du bist Glied des Volkes Gottes und gehörst für immer Christus an, der gesalbt ist zum Priester, König und Propheten in Ewigkeit."

Ich denke auch an die große Schar junger Menschen, die ich in den nächsten Monaten bei der Firmung mit eben diesem Chrisam bezeichnen werde, damit sie durch diese Salbung „Christus, dem Sohne Gottes, ähnlich" werden. Durch Taufe und Firmung erhalten alle Anteil am Leben und an der Sendung Christi und damit auch an seinem Priesteramt. Mit dem Heiligen Geist gesalbt, bringen sie durch ihr Beten, ihren apostolischen Einsatz, durch ihr Ehe- und Familienleben, durch die tägliche Arbeit und durch die in Geduld ertragenen Lasten des Lebens Gott „geistige Opfer" dar und heiligen dadurch die Welt für Gott. Freilich fragen wir uns auch bei der Weihe des Chrisams bange, wie viele denn im nächsten Jahr mit diesem Öl zu Priestern gesalbt werden. Aber Taufe und Firmung gehen vor, denn das Amtspriestertum hat dem gemeinsamen Priestertum zu dienen, und nicht umgekehrt.

So viele Getaufte und so wenige Priester

Dass entgegen liturgiegeschichtlicher Tradition das Amtspriestertum nun so stark in den Mittelpunkt der Betrachtung am Gründonnerstag rückte, ist situationsbedingt. Gerade an diesem Abend, an dem die Gemeinden angeleitet werden, sich des Geschenks der Eucharistie wieder dankbar bewusst zu werden, taucht unwillkürlich die Sorge auf, wie es in vielen Gemeinden künftig mit der Feier der Messe überhaupt weitergehen soll. Ich selbst helfe seit Jahren in der Karwoche in einem Pfarrverband in Niederösterreich aus, in dem ein Pfarrer für fünf Gemeinden zu sorgen hat. Und sollte er einmal keine Aushilfe mehr bekommen, wer wird dann die Eucharistie und die Osternacht mit den Gläubigen feiern? Dabei ist die Zahl der Priester in Europa noch verhältnismäßig groß gegenüber der in den Missionsländern.

Die Sorge um mehr Priester ist heilsam, die Lösung aber nicht nur von einer verstärkten Werbung zu erwarten, sondern vom Entstehen von Gemeinden, die sich als lebendige Zellen der Kirche verstehen, wo jeder Getaufte und Gefirmte sein Charisma in der Gemeinde entdeckt, fruchtbar macht und bereit ist, den Teil an Verantwortung zu übernehmen, der ihm ganz persönlich zukommt. Würde nicht gerade ein solches Gemeindeleben junge Menschen ermutigen, dann auch ihren eigenen Ruf, Priester zu werden, zu vernehmen und ihm zu entsprechen? Werden solch lebendige Gemeinden künftig nicht vielleicht selbst bewährte Männer dem Bischof vorschlagen, dass er sie weiht?

Am Gründonnerstag gedenken wir des einmaligen Priestertums Christi, das sich nicht nur im Weihepriestertum, sondern im gemeinsamen Priestertum aller Christen verwirklicht. Beten wir deshalb nicht nur um viele gute Priester, sondern auch darum, dass jeder, der getauft und mit Chrisam gesalbt ist, sich seiner Verantwortung für die Kirche bewusst wird.

7
„Er aber fand sie schlafend ..."

Im Innenraum vieler Kirchen, oft auch an ihren Außenwänden, kann man eindrucksvolle Darstellungen des Gebets Jesu am Ölberg sehen. Meistens zeigen sie, wie Jesus auf der Erde kniet, sich auf einen Stein stützt und die gefalteten Hände flehentlich zum Himmel streckt. Im Vordergrund, manchmal fast etwas verschämt am äußersten Bildrand, kauern drei Jünger und schlafen: zweifellos eine der vertrautesten Szenen aus der Leidensgeschichte Jesu, seit sie vor allem in der mittelalterlichen Kunst plastisch ausgestaltet wurde und in der Volksfrömmigkeit nachhaltig ihren Niederschlag fand. Die „Ölbergandachten" am späten Abend des Gründonnerstags sind noch immer für viele eine willkommene Gelegenheit zu persönlichem Gebet und zur Betrachtung. Ein Grund dafür mag darin liegen, dass gerade in dieser Situation äußerster Not und Angst Jesus vielen besonders nahekommt und sie aus seinem Ringen mit dem Vater Ermutigung und Ermahnung für ihr eigenes Beten empfangen. Ich fürchte hier allerdings, dass dabei die schlafenden Jünger wie auf den Bildern am Rande bleiben und zu wenig Beachtung finden, obwohl sie keineswegs nur Randfiguren und Statisten dieser Szene sind. Vielmehr befinden auch sie sich in einer so schicksalhaften Stunde, dass Jesus sie mehrmals zur Wachsamkeit mahnt, damit sie nicht in Versuchung geraten.

Eine umfassende Betrachtung der Ölbergszene müsste demnach den Blick vom betenden Jesus immer wieder auf die schlafenden Apostel richten und die Frage einschließen: Wem bin ich in der konkreten Situation meines Lebens nun näher und ähnlicher, Jesus in seiner Angst oder den unbeteiligten, schlafenden Jüngern?

In der Angst mit Gott allein gelassen

Jesus zog sich oft in der Nacht zurück, um allein zu beten. In dieser Nacht, da er verraten und gefangen genommen werden sollte, nimmt er Petrus, Jakobus und Johannes mit, damit sie mit ihm wachen und beten. Dann entfernte er sich aber von ihnen einen Steinwurf weit, warf sich auf die Erde nieder und betete, dass die Stunde, wenn möglich, an ihm vorübergehe. Er rief: „Abba, Vater, alles ist dir möglich. Nimm diesen Kelch von mir! Aber nicht, was ich will, sondern was du willst soll geschehen" (Mk 14,36).

Jesus drängte sich nicht zum Leiden. Ja, in seiner Todesangst fleht er, den „Kelch des Leidens" von ihm zu nehmen. Er weiß, dass für Gott nichts unmöglich ist, er ihn also auch aus dieser Stunde erlösen könnte. So wagt er sogar, um etwas zu bitten, was dem entgegenzustehen scheint, wozu er eigentlich nach Jerusalem hinaufzog: zur letzten Entscheidung. Gott vermag alles. Darum betet Jesus auch nicht um etwas Unmögliches, doch überlässt er es dem Willen seines Vaters. Wie vertraulich die Anrede „Vater" gerade jetzt klingt, da seine „Stunde", die furchtbare, gekommen ist. Und Gott erhört ihn, doch anders, als menschliche Furcht und Angst sich gewünscht hätten. Lukas verwendet in seinem Evangelium dafür ein Bild: „Da erschien ihm ein Engel vom Himmel und gab ihm neue Kraft. Und er betete in seiner Angst noch inständiger" (Lk 22,43.44). Gott nimmt den Kelch des Leidens nicht von ihm, er nimmt nicht einmal die Angst, sondern gibt neue Kraft, noch inständiger zu beten, selbst wenn Jesu Schweiß wie Blut war, das zur Erde tropfte.

Wer bei der Betrachtung der Ölbergszene ganz auf Jesus schaut, lernt von ihm. So darf man offenbar Gott um alles bitten, selbst um scheinbar Unmögliches. Wer in tiefer Bedrängnis erschüttert zu Gott schreit, ist Jesus ähnlich, von dem der Hebräerbrief sagt, vielleicht sogar in Anspielung auf das Geschehen am Ölberg: „Als er auf Erden lebte, hat er mit lautem Schreien und unter Tränen Gebete und Bitten vor den gebracht, der ihn aus dem Tod erretten konnte" (Hebr 5,7). Dass Gott solche Gebete auch immer erhört, werden aber viele aus der Erfahrung ihres Lebens entschieden zurückweisen. Vielmehr werden sie sagen, sie hätten so inständig gebetet und doch keinerlei Erfolg erlebt.

Die neue Kraft, die Gott durch seinen „Engel vom Himmel" schickt, kann mancherlei bewirken: Sie verleiht dem einen Ausdauer im Gebet, das er schon längst aufgeben wollte, sie lässt einen anderen plötzlich erahnen, dass es zu seinem Besten ist, wenn Gott einen anderen Ausweg aus der Not will, als er selbst ihn sah und für den einzig richtigen hielt. Ja es wäre schon sehr viel, wenn diese Kraft allein dazu befähigte, doch weiterhin noch vertrauensvoll im Gebet zu Gott „Vater" zu sagen, obwohl man längst an seiner Güte zweifeln wollte. Recht beten und Gott verstehen können muss erst gelernt sein. Man kann es von Jesus, aber auch mit ihm lernen, heißt es doch ebenfalls im Hebräerbrief: „Obwohl er der Sohn war, hat er durch Leiden den Gehorsam gelernt" (Hebr 5,8). Am Ölberg, allein und in Todesangst, zeigt uns Jesus an sich selbst, warum und wie wir beten sollen: „Vater unser ... dein Wille geschehe, wie im Himmel so auf Erden."

Der Not so nahe und doch so teilnahmslos

Wie schon gesagt, sind die schlafenden Jünger in der Ölbergszene keine Nebensache. Im Grunde müssten sie dem Betrachter ganz besonders ins Auge stechen, ihn sogar aufregen. Bei den dreien, die Jesus mit sich nahm, handelte es sich um diejenigen im Apostelkollegium, die eine besondere Stellung besaßen. Es waren dieselben, die mit Jesus auf dem Berg Tabor waren, als er vor ihren Augen verklärt wurde. Einer dieser drei Jünger ist Petrus, der sonst für die anderen stellvertretend spricht. Nach dem Markusevangelium wendet sich Jesus an ihn direkt: „Simon, du schläfst?" (Mk 14,37) Haben sie, seine Freunde, nicht gemerkt, was in Jesus vorgeht, haben sie nicht geahnt, was in dieser Nacht noch alles droht? Lukas versucht, die schlafenden Jünger zu entschuldigen, wenn er schreibt: „Denn sie waren vor Kummer erschöpft" (Lk 22,45). Kann man vor Kummer tatsächlich einschlafen, raubt er nicht eher den Schlaf? Freilich schließen manche vor Kummer einfach die Augen, um die Wirklichkeit nicht mehr sehen zu müssen.

Die Tragik liegt nicht allein in der Tatsache, dass die Jünger Jesus in dieser schweren Stunde allein lassen, sondern auch darin, dass sie nicht erkennen, in welcher entscheidenden Situation sie selber stehen. Jesus mahnt mit allem Nachdruck zur Wachsamkeit und zum Gebet, „damit ihr nicht in Versuchung geratet". Die Versuchung, die droht, ist ihr Abfall von Jesus noch in derselben Nacht, ihre Flucht, die Verleugnung des Petrus; die Versuchung ist, dass ihr Geist wohl willig, das Fleisch aber schwach ist.

Die schlafenden Jünger können ein Bild für alle sein, die entscheidende Situationen in ihrem Leben verschlafen. Oft ist die Not so nahe, vielleicht gleich nebenan, und man sieht sie nicht, wird erst wach, öffnet die Augen erst, wenn es zu spät ist. Eine Krise bahnt sich an – im eigenen Leben, im Leben der Freunde, in menschlichen Beziehungen, in der Ehe – und man schließt die Augen. Gerade die Christen wären berufen, die Zeichen der Zeit zu sehen und die Stunde nicht zu verschlafen. In der Gesellschaft bahnt sich so vieles Neue an, manches auch sehr zerstörerisch, und viele sehen tatenlos zu. Verschiedene Entwicklungen und Erneuerungen in der Kirche stünden längst an, und wir verhalten uns passiv, lassen alles an uns herankommen, anstatt mit wachem

Herzen die Herausforderungen zu erkennen und ihnen zu entsprechen.

Die großen Versuchungen unserer Zeit sind die Lethargie, die Resignation, die Neigung, „vor Kummer" einzuschlafen. Jesus ängstigt sich am Ölberg nicht nur um sein bevorstehendes Leiden, sondern auch um seine Jünger, die ihn und das Kommende noch immer nicht verstanden haben. „Wacht und betet, damit ihr nicht in Versuchung geratet!" Dachte Jesus damals, lange zuvor, vielleicht auch an solch eine Art von Versuchung, als er seine Jünger beten lehrte: „Und führe uns nicht in Versuchung"?

Die Guten schlafen, die Bösen sind am Werk

Im nördlichen Querhausarm des Straßburger Münsters ist eine monumentale Nachbildung des Ölbergs zu sehen, die Veit Wagner zugeschrieben wird. Dieses Kunstwerk stand ursprünglich in der Thomaskirche und wurde 1667 von dort ins Münster verlegt. Als ich einmal vor diesem „Ölberg" stand, ist mir gerade hier, wie sonst noch nie, erschreckend aufgefallen, wie vorne die drei Jünger schlafen, während im Hintergrund sich schon eine große Schar von Häschern wild entschlossen herandrängt. Sie sind noch durch einen Zaun getrennt, doch droht er jeden Augenblick zu brechen.

Ist diese widersprüchliche Situation nicht typisch für das Geschehen in der Welt? Das Böse breitet sich oft viel schneller aus als das Gute. Die Geschichte der Menschheit ist weithin eine Kriegsgeschichte, mit Blut und Tränen geschrieben. Die schlechte Nachricht findet schneller offene Ohren und lässt sich besser verkaufen als die gute. Die Gutgesinnten bleiben oft eine allzu geduldige, schweigsame Mehrheit und überlassen den anderen das Wort und die entscheidende Tat. Manche Christen halten es sogar für eine Tugend, das Böse in der Welt still zu ertragen und selbst angesichts himmelschreiender Ungerechtigkeiten noch auf die ausgleichende Gerechtigkeit im Jenseits zu warten. Jesus rüttelt seine Jünger aus dem Schlaf auf und öffnet ihnen die Augen. „Es ist genug. Steht auf, wir wollen gehen! Seht, der Verräter, der mich ausliefert, ist da" (Mk 14,41.42).

Schade, dass man in den vielen Ölbergdarstellungen diesen souveränen Jesus, der aufrüttelt, nie sieht. Eine Ölbergandacht, die diesen Blick schärft, wird uns gestärkt und mutiger in die Wirklichkeit unserer Welt zurückkehren lassen.

Karfreitag

8
Braucht Gott das Opfer seines Sohnes?

Bei der Feier der Karfreitagsliturgie steht das Kreuz im Mittelpunkt, nicht die Eucharistie. Das verhüllte Kreuz wird in die versammelte Gemeinde getragen und feierlich enthüllt. Vor ihm beugt man dann das Knie wie sonst vor dem Allerheiligsten Sakrament.

Wird das Kreuz so bewusst in den Mittelpunkt gestellt, betrachtet man es umso eindringlicher. Nicht wenigen drängt sich dabei wieder einmal die peinigende Frage auf: Warum ließ Gott seinen Sohn so grausam sterben? Brauchte er zur Versöhnung mit den Menschen das Opfer, noch dazu ein blutiges? Auf jenem Berg im Land Morija, auf dem Abraham auf Gottes Geheiß bereit gewesen wäre, seinen Sohn Isaak zu opfern, trat gerade noch ein Engel dazwischen und sagte: „Streck deine Hand nicht gegen den Knaben aus, und tu ihm nichts zuleide!" (Gen 22,12) Warum hat Gott nicht auch auf Golgota einen Engel gesandt, um seinen Sohn vor dem schmachvollen Tod zu erretten?

Die Frage, warum Jesus sterben musste, ist nicht nur eine theologische, sondern berührt zutiefst den eigenen Glauben, weil von ihrer Beantwortung das persönliche Gottesbild und damit auch die Gottesbeziehung abhängen. Es ist eigentlich erschütternd, dass es auch heute noch Menschen gibt, die glauben, Gott brauche zur Versöhnung Blut, das Blut der Besten. Wie weit ist solch ein Glaube vom wahren Gottesbild der Juden und der Christen entfernt! Die Heilige Schrift vermittelt uns eine ganz andere Vorstellung von Gott, und der Gottesdienst am Karfreitag müsste uns gerade dazu verhelfen.

„Nicht Schlachtopfer will ich, sondern ein zerknirschtes Herz"

Sollte Abraham nicht schon in Morija vom Engel lernen, dass sein Gott nicht Menschenopfer will, wie die Götter der Heiden ringsumher? Die großen Propheten wurden in ihrer Predigt nicht müde, das Volk zu rügen, doch nicht Brand- und Schlachtopfer aufzuhäufen, sondern sich selbst zu bekehren. Gott führt auch sein Volk nicht aus Ägypten heraus, um es mit neuen Opfern zu prüfen. Vielmehr sollte es in der geschenkten Freiheit nun auf seine Stimme hören und den Weg gehen, den er ihm zeigen wird. Das Opfer, das Gott wirklich gefällt, „ist ein zerknirschter Geist, ein zerbrochenes und zerschlagenes Herz", wie wir im Psalm 51 beten. Gott braucht keine Opfer, um sich versöhnen zu lassen. Der Mensch ist es, der umkehren muss, um zu Gott heimzufinden, zum Vater, der längst voll Sorge auf ihn wartet.

Sehr oft ist das Kreuz unter dem Mantel der Frömmigkeit missdeutet worden. Viele Menschen fanden nie zu Gott, weil sie nur einen „blutrünstigen", ständig nach Opfern verlangenden Gott kannten. Wenn ich am Karfreitag das Kreuz enthülle, dann möchte ich, dass mit dem Tuch auch die trügerischen „frommen" Schleier fallen, die es oft entstellen. Dabei denke ich an falsche Formen der Askese, nach denen das Opfer selbst einen Eigenwert hat. Ich meine auch jenes entartete Kreuzesverständnis, nach dem sich vermuten lässt, Gott laste dem Menschen immer neue Kreuze auf, anstatt ihn von diesen zu erlösen. Gott will nicht Opfer, sondern ein reumütiges Herz.

„So sehr hat Gott die Welt geliebt …"

Warum aber ist dann Jesus doch so qualvoll gestorben? Nicht weil er sterben musste, sondern weil er uns bis zum Äußersten liebte. Seit Jahren begleitet mich das schmale Bändchen des bekannten Theologen Hans Urs von Balthasar: „In Gottes Einsatz leben". Wie der Titel anzeigt, will es zu einem Leben im Zeichen selbstloser Liebe in der Welt motivieren. Und gerade deshalb handelt es vor allem vom Einsatz Gottes für die Welt, ein Einsatz, der in vielfältiger Weise in der Geschichte des Volkes Israel erfahrbar wurde.

Der äußerste Einsatz Gottes aber ist Jesus selbst. „Das Wagnis, das Gott mit der ‚Menschwerdung' seines Wortes in Jesus auf sich nimmt, ist tollkühn, und da dieses Wagnis bis zum Kreuz in der Gottverlassenheit geht, kann Paulus vom ‚Wahnsinn' Gottes reden", schreibt Hans Urs von Balthasar. Nicht das Kreuz ist also Gottes letzte oder stärkste Waffe im „Kampf" für uns Menschen, sondern die Liebe. Die überschwängliche Liebe Gottes zur Welt wird im Leben und Sterben Jesu „ausgeführt", leibhaftig, sie kennt keine Grenzen und reicht, wenn nötig, bis zum Tod. Im Vierten Hochgebet der Messe beten wir: „Da er die Seinen liebte, die in der Welt waren, liebte er sie bis zur Vollendung."

Wenn ich das Kreuz am Karfreitag feierlich enthülle, dann tue ich das in dem Empfinden, dass sich mir dabei ein weiteres Stück der Liebe Jesu, die er uns erwiesen hat, offenbart. „Es gibt keine größere Liebe, als wenn einer sein Leben für seine Freunde hingibt" (Joh 15,13), sagt Jesus selbst und fügt hinzu: „Ihr seid meine Freunde."

Er ist für uns zur Sünde gemacht worden

Gott braucht nicht das Opfer seines Sohnes, aber wir brauchen einen, der für uns eintritt, für uns die Sünde und den

Tod besiegt und uns wieder mit Gott vereint. Adam hat als Repräsentant der ganzen Menschheit die Solidarität aller in der Sünde und damit auch im Todesschicksal begründet. Jesus löst uns aus dieser Solidarität heraus, er-löst uns. Er ist um unseretwillen arm geworden (vgl. 2 Kor 8,9), für uns zum „Fluch" geworden, indem er am Schandpfahl des Kreuzes für uns starb (vgl. Gal 3,13). Gott hat den, „der keine Sünde kannte, für uns zur Sünde gemacht, damit wir in ihm Gerechtigkeit Gottes würden" (2 Kor 5,21). Er hat für uns den Tod auf sich genommen, damit wir leben können. Einfacher als diese theologischen Aussagen der Schrift bringt dies Irenäus von Lyon zum Ausdruck: „Er ist aus unendlicher Liebe das geworden, was wir sind, damit er uns zu dem mache, was er ist."

Wenn ich das enthüllte Kreuz betrachte, dann bedenke ich, dass dort der Schuldschein auch für meine eigenen Sünden hängt, dass Jesus auch wegen meiner Vergehen durchbohrt wurde. Die über ihn verhängte Strafe gilt in Wahrheit mir, ich selbst bin Mit-Verursacher dieses „blutigen Dramas", zugleich aber auch der reich Beschenkte, der von den „Früchten dieses Baumes" lebt.

Der heilsame Weg zurück

Gott braucht keine Opfer zur Versöhnung und schon gar keine blutigen. Doch ruft er den Menschen eindringlich zur Umkehr auf. Von der Frucht eines Baumes (im Paradies) ging die Sünde aus. Ihre Wurzel war das Misstrauen gegen Gottes Güte, der Ungehorsam, die Abkehr von Gott, die Vermessenheit, allein den Weg des Lebens gehen zu können. Das Heil kann nur wiederfinden, wer den Weg zurückgeht und die Wurzel dieser Sünde ausreißt. Jesus ging den Weg für uns alle voraus im vollen Vertrauen auf den Vater und in treuem Gehorsam. Er ging diesen Weg entschlossen bis zur harten

Konsequenz am Kreuz. Jesus selbst wurde zur edlen Frucht dieses Baumes. Wie von einem Baum der Tod kam, sollte von einem Baum auch das Leben erstehen. Diesen heilsamen Weg zurück zum Vater meint Jesus, wenn er uns einlädt, ihm auf dem Kreuzweg nachzufolgen.

Gott lässt uns auch im Tode nicht allein

Ich muss fürchten, dass diese Betrachtung wohl das Sterben Jesu gedeutet, es aber in seiner Dramatik verharmlost hat. Wir sollten noch vor dem Kreuz verharren und auf den lauten Schrei des Sterbenden hören: „Mein Gott, warum hast du mich verlassen?" (Mt 27,46). In dieser schrecklichen Todesangst wurde Jesus eins mit allen, die jemals mit dem Tode rangen. Für uns alle hat er die innere Einsamkeit der letzten Stunde erlebt. Für das menschliche Auge bricht undurchdringliche Finsternis herein. In der Nacht der Sinne ruft Jesus aber in tiefem Vertrauen aus: „Vater, in deine Hände lege ich meinen Geist" (Lk 23,46). Wo Gott am fernsten scheint, ist er doch am nächsten.

Über das enthüllte Kreuz könnten wir die Worte schreiben, die der Hebräerbrief Christus bei seinem Eintritt in die Welt sagen lässt: „Schlacht- und Speiseopfer hast du nicht gefordert, doch einen Leib hast du mir geschaffen. Da sagte ich: Ja, ich komme, um deinen Willen, Gott, zu tun" (Hebr 10,5–7).

9
Ist Kreuzverehrung zumutbar?

Wenn ich mit einer Gemeinde die Karfreitagsliturgie feiere, lade ich nach der Kreuzenthüllung dazu ein, einzeln vor das Kreuz zu treten und ein Zeichen der Verehrung zu setzen. Wenn dann die Gottesdienstteilnehmer nach vorne kommen, bleiben die einen still und andächtig vor dem Kreuz stehen, andere verneigen sich oder beugen das Knie, wieder andere berühren zärtlich das Haupt des Gekreuzigten, seine Herzwunde oder die durchbohrten Hände und Füße. Eine eigenartige, stille Betroffenheit wird bei diesem Teil der Liturgie spürbar und ich frage mich dann, was jetzt wohl jeden Einzelnen in seinem Herzen bewegt, wenn er so vor dem Kreuz steht.

Ist es im Grund nicht zu viel verlangt, das Kreuz zu „verehren"? Solange man dabei nur an das Kreuz Jesu denkt, ist es noch verständlich, davor in Dankbarkeit für seine Liebe zu verharren. Denkt man aber vor diesem einen Kreuz an die vielen anderen Kreuze in der Welt oder gar an das eigene, dann fällt es schwer, davor das Knie zu beugen. Viel eher möchte man protestierend fragen, warum es diese Kreuze überhaupt geben muss. Auch ich kann darauf keine befriedigende Antwort geben; das sage ich den Gläubigen ganz offen, bevor ich sie zur Kreuzverehrung einlade. Aber Gott „schickt" nicht einfach jedes einzelne Kreuz, wie manche meinen, viele sind von Menschenhand gezimmert. Ich habe in meinem Leben überdies erfahren, dass Gott in seiner Weisheit und Güte sogar aus dem schwersten Kreuz noch etwas Wunderbares, menschlich nicht mehr Erklärbares entstehen lassen kann. Das Kreuz ist für alle ein Mysterium. Wer sich vor dem Kreuz stumm verneigt, es ganz bewusst berührt, wird dieses Geheimnis nicht enträtseln, ihm aber näherkommen.

Das Kreuz verweist auf das Geheimnis der Bosheit

Man macht heute Gott sehr schnell für das viele Leid in der Welt verantwortlich. Nach Auschwitz und Bergen-Belsen, nach dem Tod von Millionen auf den Schlachtfeldern, beim Anblick des Elends in den Hungergebieten Afrikas und Asiens sei es schwer, über Gott zu reden und an ihn zu glauben. Will sich der Mensch dabei nicht seiner eigenen Verantwortung entziehen, seine Schuld, die er sich nicht gerne eingesteht, auf andere, sogar auf Gott abschieben? Die meisten Kreuze haben zweifellos die Menschen selbst gemacht.

Auch Jesu Kreuz haben Menschen gezimmert. Menschen verurteilten ihn zum Tod am Kreuz, geißelten ihn und nagelten ihn ans Kreuzesholz. Jesu Kreuz ist ein Zeichen dafür, wohin zurückgewiesene Liebe, wachsender Hass, Selbstgerechtigkeit und Lüge führen können. Dabei waren es nicht nur die „anderen". Wir Christen bekennen demütig, dass auch wir alle an Jesu Kreuz und Tod schuld sind.

Die meisten Kreuze, die Menschen heute schleppen, haben sie sich selbst, haben ihnen andere aufgeladen. Der Krieg im früheren Jugoslawien ist kein unabwendbarer Schicksalsschlag wie eine Naturkatastrophe, sondern Frucht eines überspitzten Nationalismus. Die Millionen Flüchtlinge überall in der Welt haben meist nicht Erdbeben oder Flutwellen vertrieben, sondern Menschen aus ihrer bis dahin eigenen Heimat, Menschen mit derselben Muttersprache. Brutalität und organisierter Terror, wie besonders furchtbar am 11. September 2001, sind Ausgeburten menschlicher Bosheit. Kreuze dieser Art sind erschreckende Mahnmale und erregen Abscheu.

Auch im Alltag laden Menschen einander Kreuze auf, doch ohne sich dies einzugestehen; Kreuze, die nicht sofort ins Auge fallen, aber dennoch tief schmerzen und sehr drücken. So, wenn einer dem anderen die Liebe entzieht, die Treue bricht, ihn Gleichgültigkeit und Verachtung spüren lässt, ihm die Würde raubt, wenn Menschen in Krankheit, Misserfolg und Hilflosigkeit allein gelassen werden. Ich fürchte, dass wir oft sehr genau die Kreuze sehen, die andere verursachen, aber dafür blind sind, wo wir selber anderen eines aufladen.

Die Kreuze der ganzen Welt sind Zeichen, wie vielfältig menschliche Bosheit sein kann und was sie vermag. Wer am Karfreitag das Kreuz andächtig berührt, wird sich fragen müssen, wie viele Kreuze er selber schon gezimmert haben mag und wem er, vielleicht ohne es noch zu wissen, zum drückenden Kreuz geworden ist.

Das Kreuz, eine Schule für das Leben

Es gehört nicht zur Pädagogik Gottes, den Menschen zwangsweise in die Schule des Kreuzes zu schicken. Doch kann die Weisheit Gottes aus dem Leid, woher immer es kommen mag, eine Schule für das Leben machen.

Wer selbst einmal schwer erkrankt war, weiß, wie sich mit der Krankheit plötzlich vieles im Leben verändert. Was bisher unentbehrlich schien, verliert an Wert. Dafür beginnt man, Kleinigkeiten, Unbedeutendes zu schätzen: jede Erleichterung der Schmerzen, einen Tag, an dem man sich wohler fühlt, zu einer kleinen Leistung wieder fähig war, einen aufmunternden Blick, den man erhalten hat, der einem Hoffnung gibt. Die Zeit wird kostbar und das Leben in seiner Gefährdung viel wertvoller als bisher. Die Erfahrung der eigenen Hilflosigkeit öffnet den Blick für die Hilfsbedürftigkeit des anderen, das ständige Angewiesensein auf fremde Hilfe macht bewusst, wie lebensnotwendig Solidarität und

Gemeinschaft sind. Auch die Frage nach Gott bricht oft ganz neu, vielleicht zum ersten Mal wirklich existenziell auf.

Es ist wirklich so: In der Krankheit und von Kranken kann man viel lernen. Papst Johannes Paul II. besuchte 1983 in Wien das „Haus der Barmherzigkeit", ein Pflegeheim für unheilbar Kranke, und dankte dabei dort lebenden Menschen für ihre „Predigt", die sie uns durch ihre geduldig ertragenen Leiden halten. „Sie ist durch keine Kanzel zu ersetzen, durch keine Schule und durch keine Vorlesung. Die Krankenzimmer dienen einem Volk nicht weniger als die Klassenzimmer und die Hörsäle", sagte der Papst.

Wer mit anderen gemeinsam ein schweres Kreuz trug, hat selten etwas verloren, aber sehr oft viel gewonnen. Gegenseitige Liebe wurde in ihrer wahren Tiefe spürbar und reifte, das gemeinsame Glück bekam neue Dimensionen, neue Kräfte wurden freigesetzt. Gleichwohl erfasst heute viele beim Gedanken an das Kreuz eine Panik, sie versuchen ihrem Kreuz zu entfliehen, geben bei der geringsten zwischenmenschlichen Schwierigkeit auf, wollen lieber ganz neu anfangen, träumen von einem Leben, das möglichst frei von Leid und Trauer ist. Doch wer vor dem Kreuz fliehen will, wird nie zur echten Freude finden können. Wem das Kreuz nicht auch zur Schule für das Leben werden kann, der läuft Gefahr, das Tiefste im Leben zu verlieren.

Das Kreuz, eine Herausforderung zu mehr Liebe

Wie Gott das Kreuz, das er nie direkt will, zum Schlüssel für das Gute, vor allem für ganz lautere Liebe machen kann, ist mir im Laufe des Lebens immer klarer geworden. So begegnete ich bei meinen Pfarrbesuchen gar nicht selten einem stillen, verborgenen Heldentum. Einmal traf ich eine Frau, die seit zwanzig Jahren ihren gelähmten Mann in unerschütterlicher Geduld pflegte. Ein anderes Mal lernte ich einen Pfarrer kennen, der neben seiner umfangreichen Seelsorgsarbeit seine alte, bettlägerige Mutter im eigenen Haus betreute, um sie seine Nähe spüren zu lassen. Sein Beispiel bewirkte in seiner Gemeinde mehr als eine glänzende Predigt. Wieder ein anderes Mal wurde ich zu einem jungen Lehrerehepaar geführt, das eine neunjährige, schwerstbehinderte Tochter hatte. Sie hieß Nina und lag auf einem Rollstuhl, konnte kein Wort sprechen, sich fast nicht bewegen und reagierte kaum auf ein Zeichen. Es waren Besucher da, die dennoch mit dem Mädchen spielten. Die Mutter nahm mich beiseite, um mit mir zu reden. Ich sagte nichts, weil mir in dieser bedrückenden Situation die Worte fehlten. Da fing die Frau von sich aus an und sagte: „Wir haben uns oft gefragt, warum gerade unser Kind so krank sein muss. Heute glauben wir, Gott hat gerade uns die Nina gegeben, weil er uns zutraut, dass wir damit fertig werden und sie in Liebe annehmen. Wir haben ein schönes Haus und pflegen den Garten, damit Nina, die ja nicht fortkann, es immer besonders gut bei uns hat."

Woher schöpft die Mutter solche Kraft und solches Gottvertrauen? Es ist dieselbe Frage, die ich mir immer wieder stellte, wenn ich Menschen begegnete, die demente Kranke pflegen, von denen sie nie ein Zeichen des Dankes erhalten, weil sie dazu nicht in der Lage sind. Gerade im Leid und durch das Leid anderer wächst der Einzelne weit über sich selbst hinaus. Ich sage mir manchmal: Gäbe es das Kreuz nicht, gäbe es nicht so viele wirklich große Menschen, gäbe es weniger Leid, dann gäbe es auch weniger Liebe.

Auch künftig werde ich die Gläubigen immer wieder einladen, vor das Kreuz zu treten, und nicht nur am Karfreitag, sondern auch zu Hause. Schaut ehrfürchtig auf das Kreuz, auf euer Kreuz, möchte ich jedem sagen. Es bleibt ein Geheimnis, warum Menschen einander so viel Leid antun. Doch ein noch größeres Geheimnis ist, dass durch das Kreuz auch unbegreifliche Liebe geweckt wird.

10
Beim Kreuze Jesu aber waren …

Als Jesus hingerichtet wurde, waren viele Zuschauer zusammengekommen, wie sich ja immer schnell Menschen einfinden, wenn etwas Schreckliches geschieht. Die vier Evangelisten heben aus dieser Volksmenge einzelne Personen unterschiedlich hervor, lassen sie reden oder nur stumme Augenzeugen sein. Es entsteht ein eindringliches Stimmungsbild der Kreuzigungsszene, das die ganze Bandbreite menschlicher Gefühle von offenem Hass bis zu tiefster innerer Verbundenheit und Liebe zeigt. Weder die offizielle Liturgie am Karfreitag noch die volkstümlichen Kreuzwegandachten bieten Gelegenheit, dieses „Bild" eingehend zu betrachten, wenngleich es sehr heilsam wäre, sich selbst in dieser Menge zu suchen, um klarer zu erkennen, auf welcher Seite man steht und welche Bedeutung Jesus und sein Tod für einen selber haben.

Die Täter und die Spötter

Die für die Kreuzigung Verantwortlichen sind in der Menge nicht mehr genau auszumachen. Pilatus hat auf Drängen des Volkes Jesus zur Hinrichtung freigegeben, wollte aber durch das symbolische Händewaschen seine Unschuld sichtbar machen, wenn er auch – allem Protest zum Trotz – auf der Inschrift oben am Kreuz bestand: „Jesus von Nazaret, der König der Juden". Die „führenden Männer des Volkes", wie Lukas sie nennt, verlachten Jesus: „Anderen hat er geholfen, nun soll er sich selbst helfen, wenn er der erwählte Messias Gottes ist" (Lk 23,35). Sie fühlten sich an seinem Tod nicht schuldig, sie handelten nur nach dem Gesetz, und „nach diesem Gesetz muss er sterben, weil er sich als Sohn Gottes ausgegeben hat" (Joh 19,7). Die Soldaten führten gefühllos, spottend den Befehl der Exekution aus und verteilten die abgelegten Kleider des Gekreuzigten unter sich.

Das Bild ist schrecklich, aber nicht einmalig: Es wird an anderen Schauplätzen immer wieder neu Wirklichkeit. Immer wieder sind Menschen schuld an furchtbarem Geschehen, schieben aber dafür die Verantwortung ab. Gesetz und Befehl scheinen auch Unmenschlichkeiten zu legitimieren. Lieblosigkeit und Hass – wird ihnen nicht rechtzeitig Einhalt geboten – lassen jedes Maß verlieren und machen zu allem fähig. Die Volkswut ist sehr leicht entfacht, lässt sich aber dann kaum mehr dämpfen. Aus „religiösen" Motiven wurden sogar Kriege geführt, und manche meinten, Gott noch einen Dienst zu erweisen, wenn sie zur Rettung seiner Ehre drakonisch straften oder gar töten ließen.

Die Schaulustigen

Viele waren nur zur „Schädelstätte" gekommen, um zu schauen. Das klingt sehr neutral, ist es aber nicht. Warum waren die Leute gekommen, was wollten sie sehen? Wie alles ausgehen, wie Jesus sich verhalten wird? Ob vielleicht doch noch ein Wunder geschieht? Oder war es reine Schaulust, die Sucht nach einer Sensation, einen Menschen sterben sehen, wie schon immer in der Geschichte öffentliche Hinrichtungen Menschenmassen angezogen haben? Unfälle, je blutiger sie sind, umso mehr Schau-„lustige" sind zur Stelle, und ist es nicht geradezu eine moderne Mediengesetzmäßigkeit geworden, blutige Dramen besonders unmittelbar und bis in letzte Einzelheiten hinein zu schildern oder ins Bild zu bringen, weil die breite Öffentlichkeit das verlangt und daran „Anteil nehmen" will? Doch wer „nur" Beobachter eines unrechten Geschehens sein will, aber nicht hilft oder nicht protestiert, nimmt Schuld auf sich, weil er das, was geschieht, durch sein Verhalten zu billigen scheint. Und wer vorgibt, aus „Mitleid" gekommen zu sein, wird vielleicht den Vorwurf Jesu hören, den er den klagenden Frauen aus Jerusalem machte: „Weint nicht über mich; weint über euch und eure Kinder!" (Lk 23,28)

Die Getreuen

Der Autor des Johannesevangeliums beschreibt mit großer Sorgfalt eine Gruppe Getreuer, die beim Kreuz Jesu standen: Es sind vier Frauen. Sie bilden einen starken Kontrast zu den vier Soldaten, die gerade Jesu Kleider unter sich aufteilen. Bei den Frauen ist nur noch einer aus der Schar der Jünger: der, den Jesus besonders liebte.

Es ist auffallend, welch ehrenvolles Denkmal die Urkirche mit diesem Bericht gerade den Frauen aus der Gefolgschaft Jesu setzte und welche Rolle der Frau beim Kreuz und darüber hinaus bei der Verbreitung der Auferstehungsbotschaft zukam. Maria von Magdala, eine von den vier Frauen unter dem Kreuz, hat der Auferstandene bald danach ausdrücklich als Botin, als „Apostel" der Osterbotschaft zu den Jüngern gesandt.

Dem Evangelisten geht es hier beim Kreuz aber besonders um die Worte des sterbenden Jesus an seine Mutter und an den Jünger: „Frau, siehe, dein Sohn!" Und zum Jünger sagte er: „Siehe, deine Mutter!" Es handelt sich dabei nicht nur um eine letzte Verfügung zur Versorgung der alleinstehenden Mutter. Die so kostbaren letzten Worte Jesu an Maria, seine Mutter, und an den Jünger bedeuten sicher viel mehr und sind in der Geschichte der Bibelauslegung unterschiedlich erklärt worden. Eine Deutung hat mich persönlich besonders beeindruckt, und deshalb möchte ich sie hier erwähnen. Maria steht stellvertretend für alle da, die in gläubigem Vertrauen von Jesus das Heil erwarten. Sie bittet im Namen aller darum. Wie sie es schon zu Beginn seines Wirkens bei der Hochzeit von Kana tat (vgl. Joh 2,3f), so tut sie es auch jetzt, da alles vollbracht war (vgl. Joh 19,30). Der Jünger aber, der Vertraute Jesu, der beim Abendmahl an seiner Seite lag und ihn als Einziger in der Nacht darauf, als Jesus verraten wurde, nicht verließ, der den Auferstandenen aus liebendem Herzen vor allen anderen Aposteln erkennen wird, ist auch für Maria und für alle der besondere Interpret dessen, was Jesus offenbaren wollte: „Gott hat die Welt so sehr geliebt, dass er seinen einzigen Sohn hingab, damit jeder, der an ihn glaubt, nicht zugrunde geht, sondern das ewige Leben hat" (Joh 3,16).

Der römische Hauptmann

Der Hauptmann, der das Hinrichtungskommando befehligte, also an Jesus nicht glaubte, legt ein Bekenntnis ab. Als er, „der Jesus gegenüberstand, ihn auf diese Weise sterben sah, sagte er: Wahrhaftig, dieser Mensch war Gottes Sohn" (Mk 15,39). Es ist ein Trost, dass inmitten der johlenden, höhnenden Menge sich diese Stimme erhebt, dass einer sich in seinem rauen Soldatenalltag so viel natürliches Einfühlungsvermögen bewahrt hat. Des Hauptmanns Aussage war keine „theologische". Doch wie ihn der Blick des Sterbenden traf, er den Todesschrei vernahm, wurde ihm offenbar klar: „Es war ein außergewöhnlicher Mensch, ein Gerechter, es war ein ‚göttlicher' Mensch!". Die Urkirche aber hörte aus diesem Wort des Erstaunens und der Betroffenheit ein Glaubensbekenntnis heraus. War dieser Soldat nicht tatsächlich dem Glauben nahe, geht die Gnade Gottes nicht ganz eigene Wege, wenn nur der Mensch keine Hindernisse entgegenstellt?

Der „rechte" Schächer

In meiner Wohnung hängt eine Radierung des österreichischen Malers Hans Fronius. Sie zeigt einen Ausschnitt aus der erschütternden Szene, von der nur der Evangelist Lukas berichtet: Jesus am Kreuz und die beiden Verbrecher neben ihm. Während der eine Jesus verhöhnt, bittet der andere ihn kurz vor dem Tod um ein Gedenken in „seinem Reich". Auf dem Bild von Fronius sieht man nur den „rechten" Schächer, wie er sehnsüchtig zu Jesus aufblickt und seinen linken Arm, obwohl ans Kreuz geheftet, gleichsam um Jesu Hals legt. Jesus aber, von den Todesqualen schwer gezeichnet, blickt staunend auf den Bittenden und scheint ihm mit seinem herabsinkenden Haupt immer näher zu kommen.

Ich betrachte dieses Bild oft. Seine Botschaft bewegt mich. Sie gibt mir die Gewissheit, dass auch ein verpfuschtes Leben am Ende eine Wende nehmen und Jesus sagen kann: „Heute noch wirst du mit mir im Paradies sein" (Lk 23,43). Welche Hoffnung muss in diesem Verbrecher lebendig geblieben sein, dass er auf Jesu rettende Vollmacht vertraute, während viele andere in seinem Sterben nur noch ein Scheitern sahen! Will der Künstler nicht gar zum Ausdruck bringen, dass das grenzenlose Vertrauen des Schächers zu Jesus, selbst in seiner Todesangst, noch zu einem unerwarteten, menschlichen Trost für Jesus wurde? Die sehnsüchtig blickenden Augen des rechten Schächers lehren mich, noch viel öfter als bisher zu beten: „Jesus, denk an mich!"

„Und alle gingen betroffen weg ..."

So viele waren zur Kreuzigung gekommen: aus Hass, aus Neugier, einige wenige sogar aus tiefer Liebe. Was sie in ihrem Innersten wohl alles bewegt haben mag? Lukas jedenfalls beschreibt es so: „Und alle, die zu diesem Schauspiel herbeigeströmt waren und sahen, was sich ereignet hatte, schlugen sich an die Brust und gingen betroffen weg" (Lk 23,48). Schlugen sich wirklich alle an die Brust, auch solche, die nur gafften, oder doch nur jene, die mit dem Herzen schauten?

11
Gott hat die Welt sehr gut gemacht

Als erste Lesung in der Feier der Osternacht wird der Bericht über die Erschaffung der Welt vorgetragen. Es ist ein feierlicher Hymnus auf den Schöpfer, ein Lobpreis für eine Welt, die Gott gut, ja sehr gut gemacht hat und die doch heute so im Argen liegt. Hat Gott seine Schöpfung aus der Hand gegeben, sie unreifen Menschen allzu früh anvertraut, hat der Teufel, der Versucher von Anbeginn – in der Paradieseserzählung im Bild der Schlange dargestellt –, gesiegt und die Macht über diese Welt gewonnen?

In meiner Kindheit hat der Religionsunterricht thematisch immer mit der Erzählung von der Erschaffung der Welt begonnen. Wir waren alle glücklich und haben diese Welt, so gut wir konnten, in frohen Farben gemalt. Bald aber hörten wir vom Sündenfall und von der Vertreibung aus dem Paradies, und von da an lag über der Schöpfung ein dunkler Schatten, als wäre sie nicht mehr ganz Gottes Welt. Verkündigung und Predigt haben diesen Eindruck noch verstärkt, wenn allzu düster von der „schlechten" Welt die Rede war und die Warnung folgte, sich mit ihr nicht zu sehr einzulassen, sich der „Freuden" dieser Welt lieber zu enthalten, um nicht zu sehr in Versuchung geführt zu werden.

Doch kann das die richtige Deutung des Schöpferwillens Gottes sein, so frage ich mich? Hat er alles so gut, ja vieles so Lust erweckend gemacht, nur um den Menschen zu erproben, oder nicht doch, damit sich dieser daran erfreue? Die Feier der Osternacht holt uns aus der Düsternis ans Licht, preist den Sieg des Guten über das Böse, will uns im Jubel über die Auferweckung Jesu Christi die Freude an der Schöpfung und am Menschsein neu vermitteln. Es ist gut, dass am Anfang der Lesungen nicht von der Sünde die Rede ist, sondern davon, dass Gott die Welt und auch den Menschen sehr gut erschaffen hat und ihm diese wunderbare Welt anvertraute.

Die Schöpfung ist gut, aber noch nicht vollendet

Am eindrucksvollsten erlebte ich die Heilige Woche vor Jahren mit einer Gruppe in Jerusalem. Wir feierten die Osternachtliturgie mit den Benediktinermönchen in der „Dormitio Sanctae Mariae", der deutschen Marienkirche auf dem Berg Zion. Die liturgischen Gebete und Gesänge entfalteten sich sehr breit und dauerten bis in den Morgen. Deutsche Theologiestudenten versahen den Lektorendienst. Eine junge Frau verkündete den Schöpfungsbericht, sehr ehrfürchtig und ohne jedes Pathos. Dabei wurde mir diese bekannte Lesung so lebendig wie nie zuvor und regte mich zum Nachdenken an. Was hatte Gott mit diesem Wunderwerk der Schöpfung vor? Sollten wir nur wie Zaungäste das Schauspiel der Natur stumm bewundern oder deren Nutznießer sein, indem wir uns aus dem Garten der Schöpfung nehmen, was wir brauchen?

Gott hat den Menschen nach seinem Abbild geschaffen, hat ihn zu seinem Partner gemacht. Der Mensch wird Gott ähnlich auch in seiner Schöpferkraft. Zu leicht engen wir diese Eigenschaft auf die physische Fortpflanzungskraft ein. Gott hat dem Menschen eine Welt übergeben, die noch in Entwicklung ist. Das schließt mit ein, dass der Mensch die Erde nicht nur zu konservieren, behutsam zu bewahren hat, vielmehr soll er sie kultivieren und weiter zur Entfaltung bringen. Er darf mit Gott an der Welt weiterbauen, weiterschaffen. Doch ist es nicht seine Welt, sondern es ist Gottes Welt. Darum muss er bei seinem Handeln stets zurückfragen, welchen Plan Gott in seine Schöpfung hineingelegt hat: in die Vielfalt der Tiere und Pflanzen, in das unergründliche Wesen des Menschen. Es ist kein Plan, der nach einem festgelegten Drehbuch abläuft, eher wie ein offenes Rollenspiel, bei dem Gott auch mit dem Können seines „Partners", des Menschen, mit seiner Phantasie und Kreativität, seinem guten Willen rechnet, mit Gelingen wie mit Versagen. Es ist somit ein Plan, den Gott nicht ohne den Menschen weiterzeichnen und vollenden will. Die Welt ist nicht verteufelt, sie ist die Welt Gottes, von ihm uns anvertraut. Die Botschaft der Osternacht gibt uns die Freude an der Schöpfung zurück, trägt uns aber zugleich die Verantwortung für sie neu auf.

Gott hat auch den Leib des Menschen gut gemacht

Als die junge Frau bei jener Feier der Osternacht auf dem Berg Zion die Stelle las, wie Gott den Menschen schuf, als sein Abbild, als Mann und Frau, da schien mir eine besondere Freude und Dankbarkeit in ihrer Stimme zu liegen. Ob sie dabei vielleicht an ihr eigenes junges Leben dachte mit den vielen Möglichkeiten und an die Fähigkeiten oder auch daran, wie schön Gott die Menschen gemacht hat, innerlich und äußerlich, so dass sie so gerne aneinander Gefallen finden?

Aber darf man solchen Gedanken während der „heiligen Liturgie" nachgehen? Zu häufig hat die Kirche in ihrer Verkündigung und in manchen konkreten Forderungen der Moral den Eindruck erweckt, als wäre sie leibfeindlich. Aber das darf sie gar nicht sein, wenn sie auf den guten Schöpfer schaut. Erst der Leib macht doch den Menschen aus, mit Leib und Seele wird er geboren und wird einst – wie wir gerade in der Osternacht freudig bekennen – mit Leib und Seele auferweckt werden. Der Leib mit Sinnen und Verstand ermöglicht erst, die Welt und all das Große zu erfahren. Der Leib ist Ausdrucksmittel für die Seele und den Geist, in Blick und Sprache, durch Gehör und Tastsinn. Der Leib vermittelt und drückt Liebe aus: durch die helfende, stützende, heilende Hand, das lobende, tröstende, verzeihende Wort, in stummer Umarmung, bis hin zur ehelichen Vereinigung. In verschiedenen Haltungen seines Leibes drückt der Mensch auch seine Ehrfurcht vor Gott aus. Seine leiblichen Kräfte und Fähigkeiten loben Gott wie ein Kunstwerk seinen Schöpfer. Und gerade solch einen Leib hat auch der Sohn Gottes angenommen und ist „Fleisch geworden", um mitten unter uns zu wohnen, wie einer von uns, weil Gott uns „leibhaftig" nahe sein wollte, damit wir sein Wort eben nach Menschenart aufnehmen und seine Liebe und Barmherzigkeit „leiblich" erfahren können.

Unser Leib ist kein Kerker für die Seele, wie ein heidnischer Philosoph einmal sagte, sondern er ist Tempel Gottes, den wir nicht entweihen dürfen. Im Römerbrief wird uns deutlich gemacht, wie der Mensch, bei aller Neigung zur Sünde, durch die Taufe mit Christus vereint, so sein kann, wie Gott ihn von Anfang an in seiner Liebe geschaffen hatte. „Wisst ihr denn nicht, dass wir alle, die wir auf Christus Jesus getauft wurden, auf seinen Tod getauft worden sind? Wir wurden mit ihm begraben durch die Taufe auf den Tod; und wie Christus durch die Herrlichkeit des Vaters von den Toten auferweckt wurde, so sollen auch wir als neue Menschen leben" (Röm 6,3.4). Unser „alter Mensch" wurde mitgekreuzigt, damit wir nicht Sklaven der Sünde bleiben. Durch Christi Auferweckung sind wir befähigt, als „neue Menschen" zu leben, als Menschen, wie Gott sie gedacht hatte. Dadurch ist uns ein neuer Zugang zum Menschsein eröffnet. So kann aus der lebendigen Feier der Osternacht auch die Ehrfurcht vor dem eigenen Leben neu erwachsen, auch vor dem eigenen Leib. Wir können uns darüber freuen, dass uns Gott die Schuld, wenn wir sie demütig bekennen, vergibt und uns immer wieder neu anfangen lässt.

Über jedem Kind liegt ein Hauch vom Schöpfungsmorgen

Schon öfter habe ich während der Feier der Osternacht ein Kind getauft. Das gibt ihr einen besonderen Glanz und eine eindrucksvolle Deutung. Häufig waren die Kinder schon einige Wochen oder gar Monate alt. Wenn ich bei der Taufe in die wachen, staunenden, hellen Augen dieser Kinder blickte, dachte ich dabei nie zuerst an die Erbsünde, sondern aus Freude über ihre persönliche Unschuld an jenes Bild vom Menschen, das Gott am Schöpfungsmorgen hatte. Kinder erhalten überhaupt zunächst von Gott – wie ich meine – vieles wie einen „Vorschuss" mit, was sie später im Heranreifen sich dann erst selbst erwerben, wieder zu eigen machen müssen, vor allem, was die Fähigkeit zu glauben und zu lieben anlangt. Kinder können sich vorurteilslos anderen anvertrauen, glauben alles, erhoffen so viel. Sie entdecken immer wieder Neues in ihrer Welt, sehen vor allem auch das Kleine und freuen sich darüber unbändig. Sie sind ohne Arglist und leben nur auf die Zukunft hin. Wenn Kinder größer werden, entwickeln sie oft einen erstaunlichen Opfergeist, treten für Gerechtigkeit ein, entlarven die Erwachsenen in ihrer ausgeprägten Kunst der Verstellung und Lüge. Für Kinder gibt es von vornherein kein Ausländerproblem und keine Angst vor Behinderten, sie schauen nicht auf Rang und Stand und empfinden von innen her, wo ihnen wirklich Liebe entgegengebracht wird. Doch was wird später aus vielen Kindern, durch die „Pädagogik" ihrer Eltern, ihre Umgebung, ihre vielen Erzieher, die sie beeinflussen?

Bei der Taufe eines Kindes in der Osternacht denke ich nicht zuerst daran, dass dieses Kind von der Erbschuld befleckt ist. Vielmehr kommt mir in den Sinn, dass es hineingeboren wird in eine Menschheit, die in die Sünde verstrickt ist, und – von anderen angesteckt – schließlich selbst an diesem Netz der Sünde mitflechten wird. Durch die Taufe setzen die Christen ein geheimnisvolles Zeichen dafür, dass dieses Kind, von Gott schon längst angenommen und geliebt, nun jenen Weg vor Gott und mit ihm gehen soll, den der Schöpfer von Anfang den Menschen zum Heil zugedacht hatte. Eltern, Paten und die christliche Gemeinde rufe ich dabei auf, sich der Verantwortung für diesen Weg des Kindes bewusst zu werden, damit er der Weg mit Gott bleibt und nicht langsam für dieses Kind zum Irrweg wird. Bei der Taufe liegt ein Strahl des Schöpfungsmorgens über jedem Kind. Wie lange wird dieser Strahl seine Leuchtkraft behalten?

Gott hat den Menschen als sein Abbild geschaffen, als Mann und Frau. Damit ist nicht irgendein Mensch gemeint, sondern jeder und jede einzeln, Sie und ich. Die Osternacht ist die Feier dieses Geheimnisses. Und was im Laufe der Jahre „alt" an uns geworden ist, soll und kann mit seiner Gnade jetzt wieder „neu" werden. Wir feiern gleichsam unsere Wiedergeburt und haben die Chance, wieder ganz neu zu beginnen.

12
Gott weinte,
als er die toten Ägypter sah

Seit die Schriftlesung in der Liturgie an Bedeutung gewonnen hat, seit also der „Tisch des Wortes" reicher gedeckt wird als früher, haben viele Gläubige, die aufmerksam den Texten folgen, mit jenen Stellen aus der Bibel Schwierigkeiten, bei denen es heißt, dass Gott in den Krieg führt, die Feinde tötet, dass er rächt und straft. Auch in den Texten aus der Feier der Osternacht, besonders in der Lesung über die wunderbare Befreiung aus Ägypten, scheint dieses Gottesbild durch und lässt die Hörer erschrecken.

Eine wache, einfache Frau, die viele Jahre lang Wohnungen und Büros im Bischofshaus in Wien sauber hielt, sagte mir einmal nach der Osternachtfeier ganz bestürzt: „Warum muss man gerade so grausame Lesungen auswählen! Und überhaupt: Warum hat Gott denn solches getan, warum hat er die Ägypter alle ins Meer getrieben und ertränkt!" Alle Osterfreude sei ihr beim Zuhören vergangen.

Was diese Frau bewegte, empfinden viele, ohne es vielleicht so direkt auszusprechen.

„Der Herr ist ein Krieger,
Jahwe ist sein Name" (Ex 15,3)

In dieser Nacht der Befreiung, an die die Feier der Osternacht erinnert, gibt es viel Blutvergießen und Waffenlärm. „In dieser Nacht gehe ich durch Ägypten und erschlage jeden Erstgeborenen bei Mensch und Vieh. Über alle Götter Ägyptens halte ich Gericht, ich, der Herr", so lesen wir im Buch Exodus (12,12). Mit dem Blut des geschlachteten Paschalammes sollen die Israeliten die Türpfosten ihrer Häuser bestreichen als Zeichen des Bundes mit ihrem Gott, damit er, der umhergeht, „um die Ägypter mit Unheil zu schlagen", an ihrer Tür vorübergehe. Und nachdem die Israeliten, von Gott geführt, trockenen Fußes durch das Meer gezogen waren und die Ägypter ihnen nachsetzen wollten, hemmte der Herr die Räder an den Wagen der Verfolger und ließ sie samt und sonders in den zurückströmenden Fluten ertrinken. Israel sah die Ägypter tot am Strande liegen und sang mit Mose voll Begeisterung das Lied: „Ich singe dem Herrn ein Lied, denn er ist hoch und erhaben. Rosse und Wagen warf er ins Meer." Und Mirjam, die Schwester Moses, schlägt auf die Pauke.

Ich kann verstehen, dass viele wie diese einfache Frau vor einem solchen kriegerischen Gott Angst überfällt und sie das Lied des Mose und seiner Schwester nicht mit großer Begeisterung mitsingen können.

Der Gott der Liebe und des Friedens – ein anderer Gott?

Blutvergießen, Gewaltsamkeiten und Kriegslärm begleiten an anderen Stellen die Geschichte des auserwählten Volkes, und immer hat Jahwe seine Hand im Spiel. Dennoch wäre es gefährlich, an einem kriegerischen Gottesbild hängen zu bleiben. In Wahrheit offenbart uns nämlich die Heilige Schrift, auch das Alte Testament, einen ganz anderen Gott. Das frühjüdische Buch der Weisheit sagt von ihm: „Du liebst alles, was ist, und verabscheust nichts von dem, was du geschaffen hast. Hättest du etwas gehasst, du hättest es nicht geschaffen! ... Du schonst alles, weil es dein Eigentum ist, Herr, du Freund des Lebens" (Weish 11,24.26). Die Propheten rufen das Volk nie zum Krieg auf, sondern wollen ihm einen

Weg weisen in eine Zeit, da man aus Schwertern Pflugscharen und aus Lanzen Winzermesser schmiedet, da man nicht mehr das Schwert erhebt und nicht mehr für den Krieg übt (vgl. Jes 2,4). Im Buch Hosea belehrt Gott selbst alle, die von ihm zu irdisch-menschlich denken: „Ich will meinen glühenden Zorn nicht vollstrecken und Efraim nicht noch einmal vernichten. Denn ich bin Gott und nicht ein Mensch, der Heilige in deiner Mitte: Darum komme ich nicht in der Hitze des Zorns" (Hos 11,9).

Gott ist wahrhaftig anders, als wir ihn uns nach allzu menschlichem Maß vorstellen.

Es gibt nur einen Gott, den Gott der Liebe, des Friedens, der Barmherzigkeit und keinen der Gewalt und des Krieges.

Gottes starker Arm führt in die Freiheit

Hat jene einfache Frau nun Recht, wenn sie sagt, man sollte besser nur die „schönen Stellen" lesen und alle blutrünstigen, grausamen endgültig übergehen? Würde man dies tun, dann würde nicht nur der heilsame Schock des Wortes Gottes fehlen, sondern auch die überwältigende Kunde von seinen Wundertaten.

Die Geschichte des Volkes Gottes ist voller Leben und keineswegs blutleer. Das Volk, das Jahwe sich zu eigen gemacht hat, war immer klein, bedrängt und ständig auf der Suche und Wanderschaft. Es erfuhr auch die Knechtschaft und das Exil. Seine profane Geschichte ist zugleich seine Heilsgeschichte. Sieg und Niederlagen, von denen seine Geschichte Zeugnis gibt, erlebte es nicht ohne Gott. Widar alle menschliche Erwartung kämpfte und siegte dieses kleine Volk bisweilen wie ein winziger David gegen den Riesen Goliat. Obwohl versklavt und entrechtet, fand es dennoch in die Freiheit zurück. Mitten durch reißende Fluten bahnte Gott einen sicheren Weg. In Hunger und Durst labte er es auf wunderbare Weise. Immer wieder erfuhren die Israeliten, dass sie im Vertrauen auf ihren Gott außerordentliche, ungeahnte Kräfte erlangten und sich ihnen überraschende Möglichkeiten öffneten. Ein frommer Beter rief für sie (Ps 18,30): „Mit meinem Gott überspringe ich Mauern!"

Gott kämpft nicht gegen Menschen, sondern gegen das Böse

Doch was ist mit den Feinden, die sterben müssen? Dabei geht es nicht um die Ägypter oder um die Ammoniter, nicht um den König der Amoriter oder den König von Baschan, obwohl sie alle überwältigt werden. Es geht nicht um die Menschen, sondern es geht gegen alle Gewalt, die dem Menschen die Freiheit raubt, ihn zum Sklaven macht, ihm die Würde nimmt. Der Feind ist das, was den Menschen vom rechten Weg abbringt, in die Irre führt, ihn im Glauben anficht, ihn versucht, sich eigene Götter zu schaffen. Dieser Feind hat viele Formen, viele Namen und Gesichter. Meist sind es Menschen, die Böses anstiften. Gott schlägt sie auch dann nicht, sondern wer im Bösen verharrt, sein Herz verschließt, der läuft selbst in die Irre und in den Tod.

Dieses Schicksal widerfuhr übrigens auch dem „auserwählten" Volk immer dann, wenn es dem Bundesgott untreu wurde. Gott will nicht den Tod des Sünders, sondern seine Umkehr. Ebensowenig will Gott den Tod der Ägypter. Es tut ihm vielmehr leid, dass sie aus eigener Schuld in den Tod gelaufen sind.

In einer Diskussionsrunde zwischen Juden und Christen, an der ich teilnahm, wurde dieses Problem einmal nachdrücklich zur Sprache gebracht. Ein jüdischer Freund zitierte dabei aus dem Gedächtnis eine Stelle aus dem Midrasch, die heißen soll: „Gott weinte, als er die toten Ägypter am Ufer liegen sah." Dieses Wort tröstete alle Gesprächsteilnehmer sehr.

Im babylonischen Talmud (Megilla 10b) habe ich später eine ähnliche Stelle zu Ex 14,20f gefunden: Als die Engel Gottes in ein Jubellied über die besiegten Ägypter ausbrechen wollten, „da sprach der Heilige zu ihnen: Mein Händewerk ertrinkt im Meere, und ihr wollt ein Lied anstimmen?"

Gottes Allmacht bestaunen, nicht seinen Zorn besingen

Seit mir jene anfangs erwähnte einfache Frau ihre Schwierigkeiten gestand, versäume ich in keiner Osternacht, ein Wort der Klärung zu sagen. Ich ermuntere dazu, nicht zu sehr auf das Blut zu achten, nicht auf den Waffenlärm zu hören, sondern mit Staunen und Dank zu bedenken, was Gott damals und auch heute im eigenen Leben an Wunderbarem gewirkt hat. Wie er, der Herr der Elemente, auch aus der gefährlichsten Flut errettet, wie er alle Mächte, so unbesiegbar sie uns erscheinen mögen, überwindet. Wie er die Freiheit schenkt, wo sie niemand mehr zu erwarten wagte. Wie er in aller Ungerechtigkeit der Welt doch noch das letzte Wort hat. Wir sollten dankbar sein und staunen darüber, dass Gott uns ohne unser eigenes Verdienst im Leben so viel schenkt und aus jeder Enge, jeder Gefangenschaft herauszuführen bereit ist – wenn wir nur wollen!

13
„Ich gebe euch ein neues Herz ..."

Die offizielle Liturgie der Osternacht enthält sieben Lesungen aus dem Alten Testament, von denen wenigstens drei vorgetragen werden müssen. Meine Wahl fällt dabei fast immer auch auf jenen Text aus dem Buch Ezechiel (Ez 36,16–17a.18–28), in dem uns Gott ein neues Herz und einen neuen Geist verspricht. Dieses Thema war immer aktuell und ist es heute umso mehr, da so viele unter der Kälte einer Herzlosigkeit leiden und bestürzt wahrnehmen, in welchem Geist die kleinen, aber oft auch die schwerwiegendsten Entscheidungen in der Gesellschaft getroffen werden.

Aus vielen Gesprächen mit Firmkandidaten weiß ich, dass diese Lesung junge Menschen unmittelbar anspricht, da sie, oft mehr als man ihnen zutrauen würde, nach einer Welt mit mehr „Herz" und nach einer Welt mit einem „neuen Geist" suchen. Es ist ein Problem, das alle angeht, vor allem aber die Getauften, denen der Geist Gottes geschenkt wurde und die sich in jeder Osternacht ihrer eigenen Taufe und der dabei übernommenen Verantwortung neu bewusst werden.

Gott schämt sich seines Volkes

Um diese schöne Stelle aus dem Buch Ezechiel richtig verstehen zu können, muss man sich die Vorgeschichte zu dieser Zusage Gottes vergegenwärtigen. Israel hatte durch sein sündhaftes Verhalten das ihm von Jahwe anvertraute Land „unrein" gemacht und wurde dafür in viele Länder vertrieben und zerstreut. Als die Israeliten aber zu den anderen Völkern kamen, entweihten sie durch ihre Taten den Namen ihres Gottes, so dass die Fremden spöttisch fragten: „Das ist das Volk Jahwes, und doch mussten sie sein Land verlassen." Da schämte Gott sich seines Volkes, das seinen Namen trägt und diesen doch entweihte. Aber er strafte es nicht, wie seinerzeit durch die Zerstreuung, sondern wollte es nun selbst wunderbar reinigen, „erneuern". Das Herz, das zu Stein geworden war, wollte er ihnen jetzt nehmen und dafür ein Herz aus Fleisch geben. Seinen Geist will er in sie legen, damit sie endlich seine Gesetze achten und erfüllen. Er selbst will sie von allem befreien, womit sie sich unrein gemacht haben.

Dies alles scheint mir auch sehr gut auf die heutige Zeit zu passen. Statt „Volk Jahwes" braucht man nur „Christen" zu sagen und sie an ihren Taten zu prüfen, ob sie diesen Namen, den Namen Christi, zu Recht tragen. Es wäre heilsam, sich in der Osternacht selbstkritisch zu fragen, was in unserer pluralistischen, religiös und weltanschaulich so unterschiedlichen Gesellschaft die Christen für eine Rolle spielen, welches Bild sie abgeben, um dann in demütiger Selbsteinschätzung reumütig bereit zu sein, von Gott ein neues Herz und einen neuen Geist zu erbitten.

Der Herzbefund ist schlecht

Es ist bekannt, dass Herz- und Kreislauf-Krankheiten heute zu den häufigsten Todesursachen gehören. Über das medizinische Problem hinaus scheint mir diese Tatsache für eine Gesellschaft symptomatisch zu sein, die auch in ihren zwischenmenschlichen Beziehungen schwer herzkrank geworden ist. Das Herz ist das Symbol für Liebe und die Grundhaltung eines Menschen beurteilen wir danach, ob er ein „gutes" Herz hat oder ein „hartes". Ich glaube, dass über vielen Bereichen menschlichen Zusammenlebens als Diagnose stehen müsste:

„Schwere Herzrhythmusstörungen; kurz vor einem Infarkt; lebensbedrohender Herzstillstand ..."

Das Herz schlägt tatsächlich sehr stark, wenn es um einen selber geht, es schlägt auch kräftig für Menschen, die man sich selber sucht und die man braucht. Es beginnt aber zu stolpern und setzt heute immer häufiger sogar unversehens aus bei Ehepartnern, in Familien, in den Beziehungen zwischen den Generationen, zwischen Jung und Alt. Das Herz scheint sich zu verkrampfen, wenn Menschen unterschiedlicher Meinung aufeinandertreffen: im engsten Bekanntenkreis, draußen in der Gesellschaft, im politischen Leben, leider auch in der Gemeinschaft der Kirche. Bei manchen steht das Herz völlig still gegenüber Ausländern, Asylanten, Menschen anderer Rassen und Religionen oder gegenüber solchen, die durch eigene Schuld oder auch durch das „Schicksal" an den Rand der Gesellschaft gedrängt wurden. Viele Herzen schlagen nicht normal, sind „verkalkt" und steinhart geworden. Es wäre überheblich zu behaupten, die Christen seien von solchen „Herz-Krankheiten" verschont. Gerade sie aber wären auf Grund ihres Namens zu einer größeren Liebe verpflichtet und, wenn sie ihren Glauben konsequent lebten, auch dazu fähig.

Der Geist der Welt ist selten Gottes Geist

Es ist gefährlich, vorschnell vom „Geist der Welt" zu sprechen, vom so genannten „Zeitgeist", weil jede Zeit auch Ausdruck sehr unterschiedlicher geistiger Strömungen ist. Dennoch lässt jede Generation erkennen, was sie im Allgemeinen begeistert, was sie fesselt und antreibt, wofür man gerade jetzt und heute seine ganze Kraft und sein Leben einsetzt. Im Gespräch mit jungen Menschen höre ich oft den Vorwurf, es gehe heute immer zu sehr um Leistung und Profit, jeder frage zuerst, was ihm eine Sache einbringt und welche Vorteile sie verschafft. Sie kritisieren, dass heute offenbar Wirtschaftswachstum, Produktionssteigerung, Erhalt und Erhöhung des Lebensstandards so sehr Vorrang haben, dass dafür auch große soziale Härten, wie eine steigende Zahl von Arbeitslosen oder Formen neuer Armut, in Kauf genommen werden. Viele Jugendliche sind heute auf der Suche nach mehr Lebensqualität, nach tieferer Sinnerfüllung. Sie wissen, dass Gewinne im Leben auch anderswo zu buchen sind als auf finanziellem Gebiet und dass es Werte gibt, die eine andere Skala anzeigt, so vor allem Werte menschlicher Beziehung, der Zärtlichkeit und Emotion, und dass es schließlich Ziele geben muss, die über dieses irdische Leben hinausreichen.

Wo stehen die Christen in dieser geistigen Auseinandersetzung unserer Tage? Sind sie vom „Zeitgeist" angekränkelt oder ihm schon gar erlegen? Suchen sie sich vielleicht noch dafür zu rechtfertigen, andernfalls nicht mehr „dabei" sein zu können? Sind sie das so notwendige Salz in einer weithin schal gewordenen Umgebung, halten sie gegen allen Widerstand an jenen Optionen fest, für die Jesus mit aller Entschiedenheit eingetreten ist: für die Armen, die Schwachen, die Gefallenen, die Unterprivilegierten, die Außenseiter? Machen sie ihrem Namen als Christen hier und heute Ehre, oder muss sie Gottes Vorwurf wie zu Zeiten des Propheten Ezechiel treffen?

Gott schenkt ein neues Herz und gibt uns seinen Geist

Gott straft die Menschen nicht wegen ihrer Unterlassungen und er wartet auch nicht untätig, bis wir uns eines Besseren besinnen. Vielmehr kommt er uns mit seinem Tun und seiner Gnade zuvor. In der Feier der Osternacht bekennen und feiern wir, was Gott auf vielfache Weise zu unserer Befreiung, zu unserer Erneuerung unternommen hat. Zuletzt aber hat er sich in Jesus Christus uns zugewandt und uns in seiner Liebe „ein neues Herz" gegeben, „seinen Geist" in uns gelegt. Jesu Herz blutet nicht nur beim Drama des Kreuzes für uns, sondern bleibt unwiderruflich für uns offen. Der Apostel Thomas ist dafür Zeuge. Als er dem Auferstandenen begegnete, wollte er seine Hand gerade in die offene Seitenwunde des Herrn legen. Es ist das Herz, in dem wir uns nicht nur geborgen fühlen, sondern von dem wir auch zu lernen haben. Die Verehrung des Herzens Jesu, die – lange Jahre beinahe vergessen – in jüngster Zeit mancherorts wieder neu auflebt, darf sich nicht gleichsam in dieses Herz zur eigenen Heilsversicherung flüchten, sondern wird ihre Echtheit daran ermessen lassen, inwieweit unsere Herzen Jesu Herz gleichgestaltet und so für alle offen sind und für alle zu schlagen beginnen.

Gott gibt uns einen neuen Geist. Der Auferstandene entlässt die Jüngergemeinde noch nicht in die Welt, ehe sie nicht vom Heiligen Geist getränkt und innerlich gestärkt worden ist. Doch wenn dies geschehen ist, schickt er sie in alle Welt, um ihr jene Botschaft zu verkünden, die er vom Herzen des Vaters gebracht hat, und zwar in Wort und Tat und durch das Zeugnis seines Lebens.

Die Welt ist herz-los und oft auch geist-los, so erleben es viele und klagen zu Recht darüber. Den Christen hat Gott in der Taufe ein neues Herz geschenkt und seinen Geist in dieses Herz ausgegossen. Wo sind sie, die Christen, die aus diesem gnadenhaften Geschenk und Auftrag der Welt zu mehr „Herz" und der Gesellschaft zu einem „neuen Geist" verhelfen?

Ostersonntag

14
„Man hat den Herrn aus dem Grab genommen"

In der Osternacht feiern wir in vielfältigen Symbolen, Riten, Lesungen und Gesängen den Sieg des Lebens über den Tod, den Sieg der Gnade über die Sünde. Der Jubel über die Auferstehung Christi steigert sich und alle danken aus frohem Herzen Gott, dem Herrn, dass er uns in der Auferweckung seines Sohnes den Zugang zu einem neuen Leben eröffnet hat. Die Evangelien am Ostersonntag und an den Tagen danach geben aber im Grunde eine ganz andere Stimmung wieder. In ihnen wird sehr viel vom leeren Grab berichtet, von Angst und Schrecken und von enttäuschter Hoffnung. Ratlosigkeit und Mutlosigkeit breiten sich allenthalben aus.

Woher also dieser Unterschied? Die Liturgie der Osternacht stellt tatsächlich den Höhepunkt des Osterfestes dar, die eigentliche Auferstehungsfeier. Die Sonntage danach wollen dieses Geheimnis entfalten und in das alltägliche Leben hinüberführen. Und das braucht Zeit, wie es die Bibel eben auch von den ersten Christen berichtet. Die Kirche feiert daher bewusst sehr lange Ostern, sieben Wochen lang, bis zum Fest der Geistsendung an Pfingsten. Alle Jahre macht die Kirche sich mit der ersten Jüngergemeinde Jesu neu auf den Weg, den Auferstandenen zu suchen, ihn besser zu erkennen, um so ihr Leben und ihr Tun in dieser Welt aus der Sicht der Auferstehung neu auszurichten. Dabei ist es erstaunlich, wie sehr sich die Stimmung in der Kirche heute oft mit jener in der ersten Jüngergemeinde gleich nach der Auferstehung deckt, wie ihre Schwierigkeiten damals, zum rechten Glauben zu kommen, uns heute nicht weniger zu schaffen machen.

Alles dreht sich um das Grab

Die Hohen Priester und die Pharisäer forderten von Pilatus eine Wache für das Grab aus Furcht, die Jünger Jesu könnten den Leichnam stehlen und dann sagen: Er ist auferstanden. Die frommen Frauen konnten den ersten Morgen nach dem Sabbat kaum erwarten, um zum Grab zu eilen, die Totenklage fortzusetzen und die Salbung des Leichnams nachzuholen. Zuerst sorgten sie sich, wer ihnen wohl den schweren Stein vor dem Grab wegwälzen werde, gerieten aber dann noch mehr in Schrecken, als dieser wohl weggewälzt, das Grab selbst aber leer war. Ein wundersamer Bote in weißem Gewand saß im Grabe (nach dem Bericht des Lukas 24,4 waren es sogar zwei Männer) und verkündete, dass der Gekreuzigte auferstanden sei, was sie aber noch nicht verstehen konnten. „Da verließen sie das Grab und flohen; denn Schrecken und Entsetzen hatte sie gepackt. Und sie sagten niemand etwas davon; denn sie fürchteten sich." So lesen wir bei Markus (16,8). Damit endete ursprünglich der Text dieses Evangeliums überhaupt. Eigentlich ein makabres Ende für eine „Frohe Botschaft".

Der heutige Schluss des Markusevangeliums mit einem kurzgefassten Bericht über die Erscheinungen des Auferstandenen (Mk 16,9–20) kam erst im 2. Jahrhundert dazu. Nach der Version des Lukasevangeliums allerdings liefen die Frauen zu den Aposteln, die aber zunächst alles für ein Geschwätz hielten. Petrus jedoch stand auf und lief zum Grab. Er schaute hinein und ging wieder heim, „voll Verwunderung über das, was geschehen war". Sich wundern heißt noch nicht „glauben", kann aber sehr wohl der Anfang des Glaubens sein. Maria von Magdala verharrte weinend am Grabe und klagte: „Man hat meinen Herrn weggenommen, und ich weiß nicht, wohin man ihn gelegt hat."

Die ersten Stunden des Ostermorgens haben nach der Schilderung der Evangelien nichts vom Jubel über die Auferstehung an sich. Vielmehr dreht sich zunächst alles um das Grab. Die unerwarteten Vorkommnisse dort stärkten nicht die Hoffnung, der Gekreuzigte könnte leben, sondern versetzte alle in Schrecken.

„Was sucht ihr den Lebenden bei den Toten?"

Der Grund für alle Ungewissheit, für Angst und Zweifel war, dass selbst diejenigen, die Jesus liebten, die Zeichen nicht zu deuten wussten und ihn unter sehr irdischen Voraussetzungen suchten. Den Auferstandenen findet man nicht im Grab, in dem normalerweise Tote liegen, sondern mitten im Leben. Die weißgekleideten Boten in der Grabkammer verweisen darauf: „Er geht euch voraus nach Galiläa; dort werdet ihr ihn sehen." Es ist die Gegend, wo er einige von ihnen von den Fischernetzen weggeholt hatte, wo er in Kana sein erstes Wunder wirkte, wo durch sein Wort und sein wundermächtiges Wirken das ersehnte Reich Gottes schon sichtbar mitten in dieser Welt anzubrechen begann. Dort am See Gennesaret werden sie dem Auferstandenen auch wirklich noch begegnen. Nur wird er anders sein, als sie ihn gewohnt waren und sie ihn gerne wiedergesehen hätten. Es wird nichts mehr genau so sein wie früher, weder der Umgang mit Jesus, den sie liebten, noch ihr alltägliches Tun, das nun eine ganz neue Dimension bekommen hatte.

Jesus ist nicht aus dem Totenreich in diese sichtbare Welt und in dieses begrenzte Leben zurückgekehrt. Er ging vielmehr in die Raum und Zeit überlegene Welt Gottes ein, in eine Daseinsweise, die nicht mit den Sinnen, sondern mit dem Glauben wahrnehmbar ist. Die Auferstehung ist im Raum der Geschichte erfolgt, hat sich an der geschichtlichen Person des Jesus von Nazaret ereignet und seine eigene irdische Geschichte vollendet, zugleich aber auch die Vollendung aller Geschichte eingeleitet.

Ich weiß, dass dazu auch die ganz persönliche Geschichte meines Lebens gehört, dass ich trotz aller menschlichen Begrenztheit auf Vollendung hoffen darf. Das ist grundsätzlich nur im Glauben erfassbar, weil Menschen sich solches nicht ausdenken können. Nur Gott kann so Unvorstellbares in seiner Güte tun. Daher können den Auferstandenen auch nur jene erkennen, die ihn nicht nur mit den Augen suchen und mit den Händen berühren wollen, wie Thomas. Vielmehr werden ihn diejenigen sehen, die wie Maria von Magdala mit glaubendem Herzen auf ihn warten.

Eine eigenartige Spannung liegt in den Berichten über diese Begegnungen: Der Auferstandene ist den Jüngern bald sehr nahe, bald entzieht er sich ihnen wieder. Er wirkt auf sie bald fremd, bald zeigt er sich wieder so vertraut. Im Geheimnis der Auferstehung bricht die dem Menschen verborgene Herrlichkeit Gottes in die Geschichte ein, wird Gegenwart und verändert sie, verweist aber zugleich auch auf die künftige Vollendung im Reiche Gottes.

Wie sehr sehnen sich Christen heute nach dem Ewigen?

Ich meine, wir Christen haben uns in letzter Zeit in der Welt recht heimelig eingerichtet und reden viel zu wenig von der Ewigkeit, ganz anders als früher. Da wurde öfter über die Ewigkeit gepredigt, auf sie vertröstet oder mit ihr gedroht. Ich weiß nicht, ob dadurch die Sehnsucht nach dem Ewigen gewachsen ist. Sicherlich aber schien der Einsatz für die Welt, für ein besseres irdisches Dasein nicht mehr so wichtig. Heute ermutigt man in der Verkündigung eher dazu, das irdische Leben dankbar anzunehmen, alles Schöne, das die Welt bietet, zu schätzen und sich für diese Welt mit allen Kräften einzusetzen: für mehr Gerechtigkeit, mehr Frieden und mehr Liebe. Aber bei allem Engagement, das immer wieder zu scheitern droht, erwacht im Menschen so etwas wie eine „unausrottbare Sehnsucht nach Unsterblichkeit", wie es unlängst ein bekannter Theologe nannte. Die unstillbare Sehnsucht nach einer der Zeit überlegenen Welt, in der es unbeirrbare Gerechtigkeit gibt und wirklich „ewige Liebe", in der der Tod nicht mehr sein wird und keine Trauer, keine Klage und keine Mühsal, in der alles Frühere vergangen ist und nur bleibt, was gut war und schön, in der es „keine Feinde mehr gibt und man auch keine Freunde mehr verliert", wie der heilige Augustinus einmal sagte. Eine solche Sehnsucht lenkt nicht ab vom Dienst an dieser Welt. Wer an dieses ewige Leben glauben kann, gewinnt vielmehr Mut, schon jetzt alles zu versuchen, damit möglichst viel hier anbricht, was uns einmal in Vollendung verheißen ist.

Im vergangenen Sommer saß ich an einem wunderschönen Sommertag mit einem ehemaligen Schulkollegen in dessen Garten am Rande von Wien. Er kam in der Welt beruflich sehr weit herum, hat viel Lebenserfahrung und ist ein klar denkender Jurist. Bei Kaffee und Kuchen sprachen wir im wahrsten Sinn des Wortes über Gott und die Welt. Da schaute er mich plötzlich an und meinte: „Du, eigentlich freue ich mich schon unbändig auf den Augenblick, da ich all das sehen werde, was noch aussteht. Ich glaube, das wird für mich sein wie eine neue Geburt."

Ich muss gestehen, dass ich kaum jemanden erlebt habe, der so spontan und unbefangen von seiner Sehnsucht nach der Ewigkeit sprach. Auch das Bild von der Geburt hat mich tief beeindruckt: Das Kind muss aus der Geborgenheit des

Mutterschoßes heraus und wird in etwas ganz Neues gestoßen, und das bedeutet Angst. Ist es beim Tod nicht ähnlich? Darf man daher nicht sogar beim Todesschrei an den ersten Schrei des neugeborenen Kindes denken, der den Anfang eines neuen Lebens ankündigt?

Der tote Christus ist uns menschlich nah, den Auferstandenen müssen wir erst suchen

Maria von Magdala hat den Menschen Jesus geliebt und ihn qualvoll sterben sehen. Sie hält ihm die Treue bis über den Tod hinaus. Den Auferstandenen muss sie erst erkennen lernen. Er kommt nicht zurück in ihr Leben, wie er früher war, sondern wird in ganz neuer Weise bei ihr sein. Sie muss noch warten, bis er sie beim Namen ruft, und darf ihn nicht auf irdische Weise festhalten. So erst wird sie Zeugin seiner Auferstehung.

Der gekreuzigte Jesus ist uns so vertraut, mit dem Auferstandenen müssen wir erst zu leben lernen. In unseren Wohnungen haben wir fast überall ein Kreuz, sehr selten aber ein Symbol des Auferstandenen. Und wenn wir Eucharistie feiern, rufen wir zwar aus: „Deinen Tod, o Herr, verkünden wir, und deine Auferstehung preisen wir", im Geiste aber verharren wir eigentlich sehr oft bei seinem Grab, ohne ihm nach Galiläa zu folgen, das heißt, in ein Leben, das durch die Auferstehung schon eine ganz neue Dimension bekommen hat.

15
„Fürchtet euch nicht!"

Die Grundstimmung der Jüngergemeinde in den ersten Tagen nach der Kreuzigung Jesu war Angst, wie die vier Evangelien übereinstimmend berichten. So ist auch das häufigste Wort, das vom Auferstandenen überliefert wird, der Zuspruch: „Fürchtet euch nicht!"

Die Angst packt jeden Menschen, wenn ihm bewusst wird, wie gefährdet seine Existenz ist, und er keine tragende, überzeugende Antwort auf seine bohrenden Lebensfragen erhält. Angst ergreift den Menschen aber auch, wenn er dem „Heiligen", dem ganz „Anderen", wenn er Gott begegnet. Noch mehr aber ängstigt es ihn, wenn ihn das Gefühl überkommt, Gott sei nicht mehr mit ihm, er sei weit weg, habe ihn verlassen. Angst regt sich, wo der Weg ins Ungewisse führt.

Im Alten Testament kehrt die Aufforderung „Fürchte dich nicht!" sehr häufig wieder und ist zugleich oft ein Trost. So spricht Gott Abraham Mut zu, als ihm Zweifel über die Verheißung kamen; so stärkt Gott den jungen Jeremia, der sich zum Prophetenamt nicht für fähig hält; so tröstet Gott sein Volk, als es in der Verbannung lebte: „Fürchte dich nicht, du armer Wurm Jakob, du Würmlein Israel" (Jes 41,14). Was dieser Trost zum Ausdruck bringt, ist immer, dass Gott doch da ist und Schild und Hilfe bietet.

Die Jünger Jesu waren in einer ähnlichen existenziellen Not und hatten Angst. Sie fürchteten sich vor jenen Feinden, die sogar Jesus, ihren „Meister", überwältigt hatten. Sie fühlten sich von dem verlassen, der sie drei Jahre wie ein guter Hirt geführt hatte. Die Jünger hatten keinerlei Perspektiven für die Zukunft, die nun finster und hoffnungslos vor ihnen lag.

Bei der Betrachtung dieser Osterberichte fielen mir in den letzten Jahren immer wieder Parallelen zur Kirche von heute ein. Sie gleicht in vielem jener verängstigten Gemeinde des Anfangs, der Zeit vor dem Pfingstfest, wie sie in den Evangelien geschildert wird.

Die Angst vor den „anderen"

Die Jünger hatten sich aus Angst vor den Feinden Jesu hinter verschlossene Türen zurückgezogen. Wenn ich diese Stelle im Johannesevangelium lese, muss ich unwillkürlich an die von Angst geleiteten Bestrebungen mancher Kreise in der heutigen katholischen Kirche denken, sich nach einigen „Gehversuchen in der Welt" wieder in die „Sakristei" zurückzuziehen, sich in kleine Zirkel Gleichgesinnter zu flüchten und die Türen und Fenster „dicht" zu machen. Dabei hatte alles so vielversprechend angefangen.

Auf dem Zweiten Vatikanischen Konzil wollte man ja gerade die Türen und Fenster der katholischen Kirche aufreißen und aus der Enge der eigenen vier Wände heraustreten, um den „anderen", in denen man nicht mehr wie früher Feinde sah, zu begegnen. Man wollte mit den anderen christlichen Kirchen ins Gespräch kommen, sogar mit den anderen Weltreligionen, mit der „Welt" überhaupt. Aber dieses Gespräch erwies sich als schwieriger, als viele zuerst meinten. Vielleicht war man noch zu wenig darauf vorbereitet, vielleicht aber vertraute man auch zu wenig auf den Heiligen Geist. Man muss sich zuerst der eigenen Sache gewiss sein, um dann mit Andersglaubenden sachgerecht und tolerant sprechen zu können. Wir schulden jedem Rede und Antwort, der uns nach der Hoffnung fragt, die uns erfüllt. Doch müssen wir uns auch mit Respekt anhören, warum jener einen anderen Weg im Glauben gewählt hat. Das gemeinsame Gespräch ist nur dann redlich, wenn man auch die „anderen" grundsätzlich für wahrheitsfähig hält und selbst bereit ist, immer noch zu lernen und gegebenenfalls sich selbst auch zu korrigieren. Ganz offen für den Geist Gottes ist nur, wer sein Wirken auch außerhalb der Kirchenmauern für möglich hält, und wenn er es entdeckt, voll Dankbarkeit anerkennt.

Heute bekommen manche Angst, sie könnten durch ein solches Gespräch den Anschein erwecken, ihren eigenen Glauben nicht mehr ernst zu nehmen, fürchten vielleicht sogar, dabei im Glauben verwirrt zu werden und ihre eigene Identität zu gefährden. Berechtigt diese Furcht, die Türen wieder zu schließen? Der Auferstandene hat denen, die ihn erkannten, klar und eindeutig aufgetragen, seine Botschaft weiterzusagen, zuerst den „Brüdern", dann aber „der ganzen Welt".

Die Angst vor einer ungewissen Zukunft

Auf den Ruf Jesu hin hatten die Jünger vieles verlassen, was ihr Leben bisher ausmachte: den erlernten Beruf, Haus und Hof, der eine oder andere vielleicht sogar die Familie. Ihre Sicherheit bestand darin, dass Jesus bei ihnen war, ihre Fragen beantwortete, ihnen den Weg wies und ihnen sogar den lebensbedrohenden Sturm auf dem See stillte. Nun fühlten sie sich allein und waren ratlos, wie alles weitergehen sollte. In der Zeit bis Pfingsten musste erst vieles in der Jüngergemeinde innerlich wachsen, dass sie dann mutig den Schritt in die Zukunft wagen konnte.

Ich frage mich manchmal, ob die Kirche heute oft nicht eher jener ängstlichen Gemeinde vor dem Pfingstfest gleicht als jener, die, vom Geist erfüllt, die engen Grenzen ihrer vertrauten Umgebung und der Sprachen sprengte. Papst Johannes XXIII. sprach von einem neuen Pfingstereignis in der katholischen Kirche, und vieles erinnerte an solch einen stürmischen, geistgewirkten Aufbruch nach dem Konzil. Heute erweckt die Kirche oft den Eindruck großer Ängstlichkeit. Sie hat Angst vor dem Morgen. Man glaubt, im Bewahren des bisher Vertrauten sicherer zu gehen als beim Riskieren von etwas Neuem. Sie will alte Bastionen verstärken, anstatt sich offen, und wenn es sein muss auch ungeschützt, der so unverzichtbaren Auseinandersetzung zu stellen.

Die Gesellschaft und die ganze Welt stehen vor einem noch nicht abzuschätzenden Umbruch. Die Kirche kann dabei die ihr von Gott gestellte Aufgabe nur erfüllen, wenn sie Mut zu weitreichenden Erneuerungen hat, im theologischen Denken und in der Sprache der Verkündigung, im Überdenken ihrer Riten und Strukturen; wenn sie mehr auf Gottes Geist als auf Tradition und Gesetz hört, um zu erkunden, was dieser Geist gerade heute mit ihr vorhat und wozu er sie antreiben will. Viele in der Kirche, selbst hohe Verantwortungsträger, haben heute Angst, weil sie glauben, alles selbst schaffen zu müssen, und weil sie, wie die ersten Jünger, nicht merken, wie nahe ihnen der Auferstandene ist und ihnen wegbereitend vorausgeht. Wer Ostern im Heute feiert, darf die Begegnung mit dem Auferstandenen nicht nur in der Liturgie suchen, sondern draußen, mitten in der Welt.

„Seid gewiss, ich bin bei euch ..."

Der auferstandene Christus hat seine tröstende und helfende Gegenwart nicht erst für die Zukunft zugesagt, er war vielmehr schon mitten unter ihnen. Die Jünger erkannten ihn nicht an den vertrauten Gesichtszügen, sondern an seinem zeichenhaften Tun. Als Petrus mit seinen Gefährten vom vergeblichen Fischfang einer langen Nacht zurückkehrte, stand Jesus im Morgengrauen unerkannt am Ufer. Da riet er ihnen gegen alle Erfahrung eines routinierten Fischers, am schon lichten Tag nochmals die Netze auszuwerfen, und zwar auf der „rechten", auf der richtigen Seite. Und als die Netze innerhalb kurzer Zeit plötzlich so voller Fische waren, dass man sie kaum einholen konnte, wussten sie: Es ist der Herr! Ehe sie ihm noch ihre Gaben vom wunderbaren Fischfang bringen konnten, hatte aber Jesus schon am Ufer ein Mahl für sie bereitet.

Als zwei Jünger auf dem Weg nach Emmaus waren, gesellte sich ihnen ein Fremder zu. Die beiden wussten nicht, wer er war, luden ihn aber abends in ihr Haus. Und als er mit ihnen zu Tisch saß, nahm er das Brot, sprach den Lobpreis, brach das Brot und gab es ihnen. Da gingen ihnen die Augen auf. An seinem Tun erkannten sie den Auferstandenen, vor allem daran, dass er mit ihnen das Brot brach.

Christus ist nicht nur als Leidensmann in den zahllosen Armen, Kranken und Obdachlosen unserer Tage unter uns präsent, er schreitet auch sieghaft und wundertätig durch unsere Zeit. „Mir ist alle Macht gegeben im Himmel und auf Erden." Diese Zusage des Auferstandenen gilt nicht nur den Christen, sondern auch der ganzen Welt. Wer hat nicht selbst schon erfahren, wie nach einer finsteren, alle Hoffnung raubenden Irrfahrt im Leben der Herr plötzlich tröstend und helfend am Ufer stand? Wer hat nicht schon voll Freude an das Wirken Christi gedacht, wenn Menschen begannen, ihr Brot miteinander zu teilen, oder sich wider alles Erwarten die Hände zur Versöhnung reichten? Überall, wo trennende Mauern fallen und Eiserne Vorhänge zerbrechen, wo man nach Jahren unversöhnlichen Hasses zu verhandeln beginnt, wo nicht mehr Böses mit Bösem vergolten wird, ist Gott nahe, ist seine Gnade wirksam geworden. Wer heute vor allem Negatives in der Kirche wahrnimmt, übersieht, wie viel Positives der Geist Gottes in den letzten Jahren gewirkt hat. Die Zahl der Kirchenmitglieder ist zwar gesunken, doch das Engagement derer, die sich zur Kirche bekennen, ist entschieden gewachsen. Kommt eine gewisse Panikstimmung in der Kirche nicht daher, dass wir zu wenig auf das Wirken des Geistes Gottes vertrauen, dass unsere Augen, wie bei den Emmausjüngern, noch so gehalten sind, dass wir seine wirkmächtige Nähe gar nicht erkennen?

„Fürchtet euch nicht, ich bin bei euch!" Das sagt der Auferstandene jedem ganz persönlich zu. Er verspricht es auch seiner Kirche und es ist ein Trost für die ganze Welt. Wo immer wirklich gläubig Ostern gefeiert wird, müsste die Freude der Erlösung im Grunde jede Angst überwinden.

16
„Simon, liebst du mich?"

Der Auferstandene offenbarte sich den Jüngern in verschiedener Weise. Am ehesten wurde er von denen wahrgenommen, die ihn besonders liebten. Es fällt auf und ist ein Trost, dass in den Auferstehungsberichten der Bibel neben der Angst der Menschen auch deren Liebe eine große Rolle spielt. Das Herz sieht mehr als die bloßen Augen, sein Blick dringt tiefer als der grübelnde Verstand. Als sich Jesus nach seinem Tod Maria von Magdala zum ersten Mal zeigte, hielt sie ihn für den Gärtner. Erst als er „Maria" zu ihr sagte, wusste sie, wer er war.

Als sich die Apostel nach dem vergeblichen Fischfang im See von Tiberias dem Ufer näherten, sahen sie im Morgengrauen eine unbekannte Gestalt. Der Jünger aber, den Jesus liebte, derjenige also, der dem Herzen Jesu am nächsten war, erkannte ihn und sagte als Erster vor allen anderen: „Es ist der Herr!"

Sehr ergreifend aber ist auch die Szene, in der der Auferstandene Simon Petrus dreimal fragt, ob er ihn liebt, und ihm auf seine dreifache Beteuerung hin dann „seine Schafe", das heißt die Menschen, für die er gestorben ist und die nun keinen sichtbaren Hirten mehr hatten, zu weiden anvertraut. Dieses kurze Zwiegespräch umfasst gleichsam das ganze Leben des Petrus: seine Vergangenheit mit der Verleugnung, sein zukünftiges Wirken als Hirte der Herde Jesu Christi, und sogar seinen Tod, mit dem er Gott einmal verherrlichen wird.

Wenn ich Exerzitien halte – meist für Priester oder Ordensleute –, wähle ich sehr gerne diese Stelle aus dem Johannesevangelium (vgl. Joh 21,15–23) als Osterbetrachtung, weil sich mit ihr am besten das Ziel aller geistlichen Übungen umreißen lässt: Reue über das Vergangene, Neuordnung des gegenwärtigen Lebens aus der Freude der Auferstehung und Vertiefung der Liebe, die sich mehr in Werken als in Worten erweist. Wer dem Auferstandenen in Liebe begegnet, sieht sein eigenes Leben und auch die Menschen um sich herum in einem ganz neuen Licht.

Wem viel vergeben wurde, der liebt auch mehr

An einem Kohlenfeuer hatte der Auferstandene den enttäuschten Jüngern nach dem Fischfang ein Mahl bereitet. Im ganzen Neuen Testament ist nur zweimal von einem Kohlenfeuer die Rede, beide Male im Johannesevangelium: das eine Mal hier am Ufer des Sees von Tiberias und das andere Mal kurz nach der Verhaftung Jesu im Hof des Hohen Priesters Kajaphas, wo Petrus seinen Freund dreimal verleugnete. Petrus hat verstanden, warum Jesus ihn hier am Seeufer, an einem Kohlenfeuer, dreimal fragt: Simon, liebst du mich? „Herr, du weißt alles, du weißt, dass ich dich lieb habe." Petrus hat Jesus schon immer geliebt, aber sich selbst noch mehr, und aus Menschenfurcht, aus Sorge um sich selbst hat er ihn dreimal verleugnet. Sünde ist immer böse, zerstört Beziehungen, entstellt den Menschen, aber die Gnade kann sogar daraus Gutes schaffen. Die Tränen der Reue, die Petrus in jener Nacht des Verrates vergossen hat, haben Früchte getragen: Er erfuhr sich selbst in seiner Schwachheit und begann von da an, Jesus noch inniger zu lieben. Das dreimalige Bekenntnis der Liebe am See von Tiberias macht nicht nur gut, worin er dreimal gefehlt hat, sondern zeigt auch, wie sehr die Liebe tatsächlich gewachsen ist.

Es ist merkwürdig und ein Geheimnis, dass Sünder, die sich bekehrten, oft mehr lieben als Selbstgerechte, die der

Vergebung kaum bedürfen, wie sie glauben. Ich denke dabei an jene Stelle im Lukasevangelium, an der eine stadtbekannte Sünderin bei einem Gastmahl im Haus eines Pharisäers Jesus die Füße mit ihren Tränen wusch und sie dann mit ihren Haaren abtrocknete. Als der Hausherr sich darüber entrüstete, belehrte ihn Jesus: „Ihr sind ihre vielen Sünden vergeben, weil sie (mir) so viel Liebe gezeigt hat. Wem aber nur wenig vergeben wird, der zeigt auch nur wenig Liebe" (Lk 7,47).

Wie man sich selbst nicht erlösen kann, so kann auch die Liebe allein die Sünden nicht tilgen, aber sie macht den Menschen fähig und bereit, sich Vergebung schenken zu lassen. Wer nicht liebt, der wird niemandem vergeben und dem kann auch nur schwer vergeben werden. Wer aber das Glück geschenkter Verzeihung erfahren hat, ist frei für noch größere Liebe.

Das Ostergeschenk des Auferstandenen ist der Friede, das heißt die Versöhnung mit Gott, und die seiner Kirche gegebene Vollmacht, in seinem Namen Sünden zu vergeben.

„Simon, liebst du mich mehr als diese?"

Manche fürchten heute, eine zu starke Betonung der Gottesliebe könnte die Nächstenliebe in den Hintergrund drängen, und sie meinen, Gott könne man doch ohnehin nur im Nächsten lieben. Was aber will dann Jesus mit der Frage an Petrus: „Liebst du mich mehr als diese?"

Der heilige Augustinus hat in einer eindringlichen Betrachtung dieser Evangelienstelle erklärt, wie Gottesliebe und die Liebe zu sich selbst und zum Nächsten zusammengehören. Wer nur sich selber lieben will, liebt sich in Wahrheit nicht, weil niemand von sich leben kann und in seiner Eigenliebe gleichsam abstirbt. Nur wer Gott liebt – den, von dem man lebt und der die Quelle und Fülle des Lebens ist –, der liebt sich auch selbst.

Das klingt vielleicht recht kompliziert, ist es aber in Wirklichkeit nicht. Wer nur sich selber liebt, ganz auf sich bezogen lebt, bleibt eng und findet nie zur Weite. Wer andere nur aus seiner engstirnigen Sicht heraus liebt, sieht sie verkürzt, vielleicht gerade so, wie er sie in seiner zweckgebundenen Vorstellung haben will. Wer dagegen Gott über alles liebt, sieht sich und andere in Gottes Licht und wird dadurch erst fähig, ihnen das zu sein und ihnen das zu schenken, wofür ihm Gott das Leben gegeben hat.

Für Petrus ist die vorrangige Liebe zum Auferstandenen auch Voraussetzung dafür, dass dieser ihm seine Herde anvertraut. Denn sie bleibt weiterhin die Herde Jesu Christi und wird nicht eigene Herde des Petrus. Augustinus wird in diesem Zusammenhang sehr deutlich und lässt Jesus sagen: „Wenn du mich liebst, denke nicht daran, dich zu weiden, sondern meine Schafe weide als die meinigen, nicht als die deinigen; meine Ehre suche in ihnen, nicht die deine; meine Herrschaft, nicht die deine; meinen Gewinn, nicht den deinen."

So spricht der Auferstandene wohl zu allen, die eine Hirtenaufgabe haben, doch nicht nur zu den Päpsten und Bischöfen und Priestern, sondern auch zu den Müttern und Vätern und zu allen, denen er Menschen zu führen, „seine Schafe" zu „weiden" anvertraut hat.

Gott durch den Tod verherrlichen

In dem Zwiegespräch Jesu mit Petrus bringt er überraschenderweise auch dessen Tod zur Sprache. „Wenn du aber alt geworden bist, wirst du deine Hände ausstrecken, und ein anderer wird dich gürten und dich führen, wohin du nicht willst. Das sagte Jesus, um anzudeuten, durch welchen Tod er Gott verherrlichen würde" (Joh 21,18f). Wer Hirt im Dienst des „Guten Hirten" sein will, soll ihm immer ähnlicher werden. Er muss auch bereit sein, das Leben für seine Schafe einzusetzen, ja gegebenenfalls, wie Jesus selbst, ein Lamm zu werden, „das man zum Schlachten führt" (Jes 53,7). Augustinus sagt am Ende seiner Betrachtung: „Alle nämlich hat er zu seinen Schafen gemacht, weil auch er, um für uns zu leiden, ein Schaf geworden ist."

Die Liebe zum Auferstandenen kann in einer Weise wachsen, dass sie selbst die natürliche Furcht vor dem Tode überwindet und in ihm eine Verherrlichung Gottes sieht.

„Folge mir nach!"

Der Ruf zur Nachfolge an den Petrus war längst schon ergangen. Warum wird er hier erneuert? Petrus musste zuerst all das erleben, Jesu Passion, den Kreuzestod und auch die Auferweckung, um zu erfassen, wem zu folgen er sich in der Begeisterung der ersten Begegnung entschloss. Er ist durch den eigenen Sündenfall geläutert, durch das Lebensopfer Jesu kann er nun selbst sein Kreuz bereit auf sich nehmen, die Begegnung mit dem Auferstandenen erfüllt ihn mit einer Hoffnung, die ihn auch den eigenen Tod nicht mehr fürchten lässt. „Ja, Herr, du weißt, dass ich dich liebe", bezeugte Petrus nicht nur dreimal am Ufer des Sees, am Kohlenfeuer, er bezeugte es auch durch sein ganzes Leben.

Wer in Liebe den Auferstandenen sucht, der feiert Ostern nachhaltig für sein Leben. Doch muss er mit dem Herzen sehen, um zu erfahren, wohin er dem Auferstandenen gerade jetzt zu folgen hat.

Ostermontag

17
Der Weg nach Emmaus und zurück

Als ich vor einigen Jahren mit einer Pilgergruppe Ostern im Heiligen Land feierte, zogen wir am Morgen des Ostersonntags nach Amwas hinaus, einem Ort etwa 30 km nordwestlich von Jerusalem entfernt, der im „Wettstreit" mit anderen Orten den Anspruch erhebt, das biblische Emmaus zu sein. Jerusalem mit seinem großen Gedränge und seiner lauten Hektik – in diesem Jahr feierten die gläubigen Juden in derselben Woche das Pesachfest und auch die orthodoxe Kirche das Osterfest – lag hinter uns. Unter einem strahlend blauen Himmel feierten wir neben den Mauerresten einer uralten Basilika Eucharistie. Dabei blieb genug Zeit, den Weg der zwei Jünger nach Emmaus, worüber Lukas ausführlich berichtet (Lk 24,13–35), im Geiste nachzugehen und zu betrachten, was sie erlebt haben mochten und wie sie die Begegnung mit dem Auferstandenen veränderte. Was die Jünger bewegte und wovon sie auf dem Wege sprachen, gibt die Stimmung vieler damals in Jerusalem wieder. Auch ist aufschlussreich, auf welche Weise sie den Auferstandenen schließlich erkannten. Es kann uns Christen auch heute den Weg weisen.

„Wir aber hatten gehofft, er werde Israel erlösen ..."

Fast vorwurfsvoll fragten die beiden Jünger Jesus, der sich ihnen auf dem Weg unerkannt angeschlossen hatte, ob er denn so fremd in Jerusalem sei, dass er als Einziger nicht wisse, was in diesen Tagen geschehen sei. Dieser Jesus, so erklären sie, war doch „ein Prophet, mächtig in Wort und Tat vor Gott und dem ganzen Volk". Von ihm hätte man sich die Erlösung Israels erhofft, doch wurde er verurteilt und ans Kreuz geschlagen. Zwar hat er selbst vorausgesagt, er werde am dritten Tag auferstehen, doch ist schon der dritte Tag vergangen und außer beängstigenden Gerüchten ist nichts geschehen. Sie und viele andere hatten gehofft, dass ein Messias komme, der die politischen Verhältnisse in Israel verändert, dass Jesus seine Wunderkraft zur Befreiung des Landes und des Volkes von den Römern einsetzen werde, dass seine Auferstehung, von der er mehrmals gesprochen hatte, in Macht und Herrlichkeit geschehen und seinen Feinden zum Gericht werde, vielleicht so, wie man seine Wiederkunft am Ende der Zeiten erwartet.

Die beiden Jünger konnten in ihrer Trauer und Enttäuschung den Auferstandenen an ihrer Seite nicht erkennen, weil sie noch auf einen anderen als den in Wahrheit gekommenen warteten. Ist es nicht dieselbe Situation wie heute? Haben nicht auch heute viele Menschen Glaubensschwierigkeiten, weil sie sich ein Gottesbild gemacht haben, das nicht der Wirklichkeit entspricht?

„Brannte nicht unser Herz, als er uns die Schrift aufschloss?"

Vom richtigen Verständnis der Bibel hing offensichtlich auch ab, ob einer die Geschehnisse um Tod und Auferstehung richtig deuten konnte. So heißt es von Petrus und dem „anderen Jünger", nachdem sie zum Grab gelaufen waren, um zu schauen, und dann im Ungewissen nach Hause zurückkehrten, erklärend: „Denn sie wussten noch nicht aus der Schrift, dass er von den Toten auferstehen musste" (Joh 20,9).

Als fromme Juden kannten auch die beiden Jünger, die nach Emmaus gingen, ihre Bibel, das Gesetz und die Propheten und die Schriften, und dennoch konnten sie nicht erklären, was in diesen Tagen geschehen war, ja „gemäß der Schrift" geschehen musste. Sie brauchten Jesus, der ihnen, bei Mose und den Propheten beginnend, alles auslegte, was über ihn in der gesamten Schrift geschrieben steht und wie der Messias all das erleiden muss, um so in seine Herrlichkeit einzugehen.

Es ist schade, dass von dieser grundlegenden Einführung in das Verständnis der Schrift, die Jesus den beiden Jüngern gab, nichts Näheres überliefert ist. Doch muss es bei dieser Schriftauslegung vor allem darum gegangen sein, den „Skandal des Kreuzes", der die Urgemeinde sehr bedrückte, aus der Bibel zu erklären. Die Schriften zeigen an vielen Stellen, wie die Sünde der Menschen Unheil stiftet, wie Gott aber auch immer wieder seinen Bund anbietet und sein Volk durch Propheten lehrt, das Heil zu erwarten. Aber die Propheten wurden vielfach abgelehnt, vertrieben, bisweilen sogar getötet. Immer wieder ist in der Schrift auch von den Tagen die Rede, an denen aus dem Baumstumpf Isais ein Reis hervorgehen, dem Hause Davids ein gerechter Spross erweckt werde, das heißt, einer zu erwarten sei, der alle Propheten überragt und endgültig das Heil bringen wird.

Und diese Zeit ist nun in ihm, in Jesus, angebrochen. Der von Gott Gesandte und Gesalbte, der Messias, teilt aber das Los der Propheten vor ihm, wird wie sie abgelehnt und getötet. Sein Schicksal ist schon im unschuldig leidenden Gerechten angedeutet, dessen Gottverlassenheit Psalm 22 schildert; ein Psalm, der im ältesten Passionsbericht, den Markus in sein Evangelium übernahm, zum Sterbegebet Jesu wird. Im Bild vom Gottesknecht im Buch Jesaja, der die Sünden vieler trug und für die Schuldigen eintrat, der wie ein Lamm zur Schlachtbank geführt wird, ist Jesu Schicksal, aber auch seine Gesinnung der Hingabe bis zum Tod deutlich vorgezeichnet (vgl. Jes 53,12).

Doch auch die Auferweckung Jesu ist Erfüllung der Verheißung des Alten Testamentes. Von den ersten Anfängen an bekennt daher die Urkirche: „Er ist am dritten Tag auferweckt worden, gemäß der Schrift" (1 Kor 15,4). Gott war für Israel immer der Herr über Leben und Tod, Quelle des Lebens; in ihm gründet die Hoffnung, dass das Leben nicht endgültig dem Tode preisgegeben ist, wie es in Psalm 16,10 vertrauensvoll heißt: „Denn du gibst mich nicht der Unterwelt preis; du lässt deinen Frommen das Grab nicht schauen." Gerade diese Stelle zitieren später Petrus (Apg 2,27) und Paulus (Apg 13,35) in ihrer Predigt als Beweis für die Auferweckung Jesu und seine Erhöhung zur Rechten des Vaters.

Lange sind wir in Amwas gesessen und haben in der Bibel gelesen. Dabei ging mir auch plötzlich auf, welche Bedeutung gerade das Alte Testament für uns Christen hat. Allein aus seinen Schriften hat Jesus den Emmausjüngern zum Verständnis verholfen, warum der Messias all das erleiden musste, um so in seine Herrlichkeit einzugehen. Den Auferstandenen recht erkennen kann nur, wer die Bibel kennt und dem sie so erschlossen wird, dass ihm „das Herz in der Brust" zu brennen beginnt. „Wer die Schrift nicht kennt, kennt Christus nicht", hat der heilige Hieronymus einmal gesagt.

„Als er das Brot brach, gingen ihnen die Augen auf"

Das „Brotbrechen", das „Herrenmahl", gibt in den Tagen nach Ostern am tiefsten wieder, was geschehen ist und was noch aussteht. Beim Letzten Abendmahl nahm Jesus durch die Austeilung von Brot und Wein und durch die deutenden

Worte seine Hingabe im Tod „für die vielen" vorweg. Aber schon da sieht er seinen Tod im Licht des endgültigen Kommens des Reiches Gottes, wenn er sagt: „Amen, ich sage euch: Ich werde nicht mehr von der Frucht des Weinstocks trinken bis zu dem Tag, an dem ich von neuem davon trinke im Reich Gottes" (Mk 14,25).

Jesus erschien seinen Jüngern immer wieder, wenn sie in Gemeinschaft Mahl hielten, ja sie erkannten ihn gerade daran, dass er mit ihnen aß und wieder mit ihnen das Brot brach. Und die ersten Christen versammelten sich am ersten Tag der Woche, dem „Herrentag", um Zeugnis der Gemeinschaft zu geben mit dem auferstandenen und erhöhten Christus; sie lobten Gott und dankten ihm für das Wunder der Auferstehung, durch das sie sich erlöst wussten. In dieser Feier wuchs auch die Vorfreude auf eine ewige Vollendung. Die Eucharistie ist ein Hinweis auf die künftige Herrlichkeit. Sie ist zeichenhafte Vorwegnahme dessen, was einmal sein wird, wenn eine neue, von aller Knechtschaft befreite, verklärte Schöpfung anbrechen wird. Wer also vom eucharistischen Brot isst, der hat schon jetzt das ewige Leben, und Christus wird ihn auferwecken am Letzten Tag, wie Jesus in der Synagoge von Kafarnaum den Seinen versprochen hat.

Am Ostermorgen in Amwas haben wir sehr andächtig Eucharistie gefeiert und das Gefühl gehabt, nun besser zu verstehen, was das „Brotbrechen" den ersten Christen bedeutet hat.

„Noch in derselben Stunde kehrten sie nach Jerusalem zurück"

Wer dem Auferstandenen begegnet ist, darf seine Erfahrung und Freude nicht für sich behalten, sondern muss sie weitersagen. Noch in derselben Stunde, es muss schon Nacht gewesen sein, brachen die Jünger von Emmaus auf und kehrten nach Jerusalem zurück. Aber was erlebten sie dort? Sie fanden die elf und die anderen Jünger versammelt. Diese sagten ihnen: „Der Herr ist wirklich auferstanden und ist dem Simon erschienen. Da erzählten auch sie, was sie unterwegs erlebt und wie sie ihn erkannt hatten, als er das Brot brach."

Der eigene Glaube wächst, wenn man andere daran teilnehmen lässt; die Glaubensfreude wird umso größer, wenn man an der Glaubenserfahrung anderer partizipieren darf.

Die Wege zum Glauben sind oft verschlungen und sehr verschieden. Doch vielleicht ist es manchmal notwendig, mit all seinen Klagen und Zweifeln, mit seiner ganzen Blindheit nach „Emmaus" zu gehen, wie immer dies im persönlichen Leben aussehen mag, um unterwegs den zu treffen, der einem aus der Schrift und durch das Zeichen des Brotbrechens das Leben deutet und so verändert. Doch darf man dann nicht in Emmaus verweilen, sondern muss eilends nach „Jerusalem" zurückkehren. Dort wird es ganz anders sein als vorher, und wer weiß, wer hier schon auf uns und unser Glaubenszeugnis wartet.

Zweiter Ostersonntag

18
Was ist aus dem weißen Taufkleid geworden?

In meiner früheren Pfarrgemeinde Laa a. d. Thaya hatte ich am Sonntag nach Ostern, am so genannten „Weißen Sonntag", eigentlich immer ein recht ungutes Gefühl. Wir hatten sehr zahlreich und eindrucksvoll Ostern gefeiert, und nun schien alles seinen alten Gang zu nehmen. Am Gründonnerstag, Karfreitag und in der Osternacht hatte die Zahl der Teilnehmer von Gottesdienst zu Gottesdienst zugenommen. Zur Feier der Osternacht war die große spätromanisch-frühgotische Pfarrkirche aus dem Ende des 13. Jahrhunderts bis auf den letzten Platz gefüllt. Viele waren in den Tagen davor zur Beichte gekommen – das war vor etwa 40 Jahren noch so – und hatten sich so auf Ostern vorbereitet. Eine große Ministrantenschar – von einem Kaplan besonders gut instruiert – gab der Liturgie ein frohes, jugendliches Gepräge. Die ganze Stadtgemeinde war gut vertreten, Vertreter des öffentlichen Lebens und andere wichtige Persönlichkeiten, vor allem aber viele Gemeindemitglieder, auch solche, die sonst nicht regelmäßig zum Sonntagsgottesdienst kamen. Ich wünschte mir, es könnte etwas von diesem intensiven Erlebnis kirchlicher Gemeinschaft nun erhalten bleiben und in das Leben der Familien und der ganzen Stadt ausstrahlen. Am Weißen Sonntag aber, an dem Tag also, an dem in der Kirche der ersten Jahrhunderte die Neugetauften ihre weißen Taufkleider auszogen, um ihr Christsein im Alltag nun durch das Leben zu bezeugen, eben an diesem Tag war in meiner Pfarrgemeinde der eher dürftige Alltag wieder eingekehrt. Es schien, als hätten die Christen ihr österliches Festkleid abgelegt und damit auch ein gutes Stück ihrer religiösen Praxis. War Ostern falsch gefeiert worden, oder sollte man dieses Fest überhaupt nur mit einer Schar „Auserwählter" feiern, die dann den tiefen Gehalt des Festes auch in den Alltag hinüberretten?

Es war schön, doch es hat sich nichts geändert

Dann und wann einmal mit der Kirche zu feiern, danach verlangen viele. Es weckt frühe Kindheitserinnerungen, befriedigt ein religiöses Gefühl, beruhigt vielleicht auch das Gewissen, Gott wenigstens kurze Zeiten seines Lebens gewidmet zu haben. An großen Feiertagen erfüllt man also seine Pflicht gegenüber Gott, im Alltag aber geht man den vielen anderen Pflichten in Beruf und Gesellschaft nach, die mit Gott und mit dem Glauben scheinbar nichts zu tun haben.

Und doch war zu Ostern von einem neuen Menschen die Rede, von einer neuen Welt, in der der alte Sauerteig der Bosheit und Schlechtigkeit weggeschafft und durch die ungesäuerten Brote der Aufrichtigkeit und Wahrheit ersetzt werden soll, von einer Welt, in der, was alt ist, neu, was dunkel ist, licht, was tot war, lebendig wird und in der Jesus Christus, der Ursprung allen Lebens, alles wieder heil macht. Wahrhaftig etwas, das sich im Leben insgesamt ereignen müsste.

Ist die Befreiung aus der Knechtschaft der Sünde, die zu Ostern besungen und gefeiert wird, doch nur ein antiquiertes Bild geblieben? Wäre sie heute, wo das Böse überhand nimmt, nicht wieder bitter nötig und gegen alle Hoffnung sogar möglich? Ist der Lobpreis Gottes über seine gute, schöne Welt doch nur ein wunderbares Gedicht geblieben und nicht zu einer ganz und gar aktuellen Herausforderung geworden, gerade angesichts der wachsenden Bedrohung der Schöpfung? Hat Taufe und Tauferneuerung nicht deutlich genug gezeigt, dass wir von Gott zu einem Volk zusammengerufen worden sind, das seinem Namen gerade in der Welt von heute alle Ehre machen muss? Hat die Feier der Auferstehung unseren Blick so gar nicht vom Irdischen hinauf zum Himmlischen gerichtet, auf das wir zugehen, nicht untätig, sondern trotz aller Mühsal souverän? Das Feiertagskleid war nicht echt, wenn wir mit ihm auch alle guten Vorsätze ablegen, wenn danach nicht auch im Leben sichtbar wird, was wir in Liturgie und Sakrament gefeiert haben. Der österliche Mensch müsste auch ein neues Alltagskleid haben, den neuen Menschen anziehen, „der nach dem Bild Gottes geschaffen ist in wahrer Gerechtigkeit und Heiligkeit" (Eph 4,24).

Erstkommunion erinnert an die Taufe, doch was folgt danach?

Der „Weiße Sonntag" ist weithin in der katholischen Kirche gleichsam zum offiziellen Tag der Erstkommunion geworden. Dieser Tag wird meist von der ganzen Kirchengemeinde festlich begangen und hat auch in Familien, die sonst der Kirche fernstehen, eine große Bedeutung. Es ist sehr eindrucksvoll, die Mädchen und Buben in ihren festlichen Kleidern zu sehen, mit einer brennenden Kerze in der Hand zu erleben, wie sie zum ersten Mal nun selbst ihr Taufgelöbnis sprechen. Viel erinnert an die Taufe und jenes weiße Kleid der Unschuld, das den Kindern damals symbolhaft aufgelegt wurde. Und viele Kinder erfassen doch etwas davon, dass Jesus ihnen nun besonders nahe ist, und sie lieben ihn wenigstens in diesem Augenblick wie einen guten Freund.

Das wäre eigentlich alles ein Grund zu großer Freude. Die Erfahrung aber zeigt, dass der Glanz dieses Festes schnell vergeht, die Kinder an den folgenden Sonntagen kaum mehr zur Messe kommen, in den Familien das schöne Fest in vielen Fotos archiviert ist, aber religiös weiter keine Wirkung hat. Wie soll es auch anders kommen, wenn die meisten Eltern von ihrer eigenen Erstkommunion nur mehr vergilbte Bilder besitzen, aber nicht viel oder gar nichts von diesem Ereignis in ihr Leben hinübergerettet haben? Wie sollen sie dann aber auch ihren Kindern helfen, im Glauben zu wachsen? Auf die Frage, wie das so alles kam, antworten die Eltern oft wehmütig: „Als Kind, da konnte ich noch glauben. Später aber nicht mehr."

Als Kind, da konnte ich noch glauben

Diese pastorale Erfahrung legt sich wie ein Schatten über einen äußerlich noch so schön gefeierten Erstkommuniontag. Besorgt fragen wir uns, die wir Verantwortung für die Seelsorge tragen, wo die Gründe dafür liegen. Der Hauptgrund scheint zu sein, dass vieles, was den Glauben betrifft, in den „Kinderschuhen" stecken geblieben ist. Es wird auch verhältnismäßig viel in Pfarrgemeinden und schulischem Religionsunterricht für die Glaubensunterweisung der Kinder getan, kaum aber heranwachsenden Menschen Hilfe zum Glauben angeboten. Und doch müssten sich diese den Glauben, den sie zuerst von anderen übernommen haben, nun selbst zu eigen machen, soll er reif werden und ihr Leben als erwachsene, mündige Menschen tragen können.

Mir scheint das Schicksal des Samenkorns des Glaubens, das dann nicht aufgeht, im Gleichnis vom Sämann im Evangelium vorgezeichnet zu sein. Dort heißt es unter den verschiedenen Gründen, dass Gottes Wort für das Leben nicht wirksam wird: „In die Dornen ist der Samen bei dem gefallen, der das Wort zwar hört, aber dann ersticken es die Sorgen dieser Welt und der trügerische Reichtum, und es bringt keine Frucht" (Mt 13,22). „Als Kind konnte ich noch glauben", sagen viele und erinnern sich dabei an schöne Erlebnisse in einer Gemeinde, als Ministranten, in einer Jugendgruppe, bis dann der „Ernst des Lebens" anfing.

Und gerade dieser „Ernst des Lebens" fand aus dem Glauben heraus keine Deutung mehr? Wen trifft dafür die Verantwortung, wer trägt dafür die Schuld? Das Taufkleid war zunächst ein Kinderkleid, der schöne Anzug und das festliche Kleid bei Erstkommunion und Firmung sind längst zu klein geworden. Das Gottesbild aus Kindertagen, vielleicht zu niedlich und verkitscht, vielleicht aber auch einseitig streng, um Furcht vor dem Bösen zu erregen, ist verblasst oder belastet sogar bis heute negativ die Suche nach dem befreienden, Leben spendenden Gott. Wird sich das Gottesbild aber noch einmal ändern?

„Selig sind, die nicht sehen und doch glauben"

Am „Weißen Sonntag" wird das Evangelium verkündet, das vom „ungläubigen" Thomas berichtet, der nicht auf das Zeugnis seiner Freunde hin an den Auferstandenen glaubte, sondern ihn selbst sehen, berühren wollte. Thomas wird oft als der „Skeptiker" hingestellt und damit gewissermaßen verständlich auch für unsere Zeit. Aber als einer, der uns den Weg zum Verständnis des Auferstandenen weist, hat er uns weitaus mehr zu sagen.

Der Glaube kommt zunächst vom Hören, ist vom Zeugnis anderer abhängig, wie auch für Thomas die Erfahrung der anderen Jünger wichtig ist. Was bedeutet das wohl für das notwendige Zeugnis der Christen mitten in der Welt und was für das lebendige Zeugnis, das Eltern vor ihren Kindern abzulegen hätten? Thomas ist ein Mensch, der auf der Suche ist, der sich selbst vergewissern will. Wunderbare Bekehrungen sind selten. Der Glaube kann nur wachsen, wenn sich einer auf die Suche nach dem Größeren aufmacht und dadurch für eine Begegnung mit Gott öffnet.

„Ich kann nicht glauben", klagen manche. Was haben sie bisher getan, um sich dem Glauben zu öffnen? Für Thomas ist der Glaube nicht etwas Abstraktes, sondern die Begegnung mit dem lebendigen Gott, der uns in Jesus Christus leibhaftig nahegekommen ist. Die Wunden zu sehen und zu berühren, schrecken Thomas nicht, sie zeigen ihm vielmehr, was Gott für diese Welt zu tun bereit ist. Ob Thomas schließlich wirklich seine Hand in die offene Herzwunde Jesu legt, geht aus dem Evangelientext nicht mehr hervor. Auf die Mahnung Jesu aber, nicht ungläubig, sondern gläubig zu sein, antwortet Thomas, und man kann sich vorstellen, nicht nur mit Worten, sondern mit einer ehrfurchtsvollen, anbetenden Geste: „Mein Herr und mein Gott!"

Zum wahren Glauben ist erst der gekommen, der vor dem Geheimnis „Gott", vor seiner Heiligkeit und Barmherzigkeit, vor seiner Nähe und doch auch seiner Unbegreiflichkeit staunend und dankbar auf die Knie fällt. „Selig sind, die nicht sehen und doch glauben!"

Gott ist immer noch anders, als wir ihn uns vorstellen können. Das macht es uns oft schwer, ihn zu erkennen. Es gibt uns aber auch die Hoffnung, dass er, der ganz andere, über alle menschliche Weisheit und pastorale Klugheit hinaus immer wieder neue, ungeahnte Wege zum Menschen von heute finden wird.

Alles **Buch**bar auf www.tyrolia-verlag.at

Was junge Menschen zur Firmung fragen

Helmut Krätzl
„Glauben Sie an Gott, Herr Bischof?"
Firmlinge schreiben ihrem Bischof. Es geht um Fragen zu Freundschaft und Freizeit, Schule and Zukunft(sangst), Leben und Glauben, auf die Bischof Krätzl ebenso präzise und lebensnah eingeht.
Durchgehend farbig illustriert, Klappenbroschur
ISBN 978-3-7022-2929-0
128 Seiten

 **TYROLIA**   Alles **Buch**bar auf www.tyrolia-verlag.at

Von der Kunst, älter zu werden

Helmut Krätzl
Geschenkte Zeit
Kurze Texte erzählen von der Last, aber auch den Chancen, ja der Schönheit des Älterwerdens. Ein Buch voll warmer Mitmenschlichkeit, Hoffnung und Zuspruch.
3. Auflage, 12 sw. Abbildungen, gebunden mit SU
ISBN 978-3-7022-2781-4
160 Seiten

 **TYROLIA** Alles **Buch**bar auf www.tyrolia-verlag.at

Ein meditativer Bildband zum Kreuzweg …

Elmar Peintner
Kreuzweg
Mit Texten von Manfred Scheuer und Maximilian Paulin
Ein hochwertiger Kunstdruck-Bildband des Tiroler Malers Elmar Peintner,
der das Leiden Jesu Christi im Heute zeigt. Mit einer spirituellen
Einführung von Bischof Manfred Scheuer und meditativen Textimpulsen,
die sich auch für Andachten eignen.
15 farb. Abb., gebunden
ISBN 978-3-7022-2993-1
36 Seiten

 **TYROLIA** Alles **Buch**bar auf www.tyrolia-verlag.at

Gedanken für die Karwoche und Ostern

Reinhold Stecher
**Ein Singen geht
über die Erde**
Österliche Bilder und Gedanken
Die Gedanken und Aquarelle führen den Leser in unnachahmlicher
Weise zum tieferen Verständnis der Auferstehung als Fundament
des Glaubens heran
3. Auflage, 22 Aquarelle, gebunden
ISBN 978-3-7022-1873-7
88 Seiten